葫芦岛
"三农"发展研究

李国胜 著

中国农业科学技术出版社

图书在版编目(CIP)数据

葫芦岛"三农"发展研究 / 李国胜著 . --北京:中国农业科学技术出版社,2022.12
ISBN 978-7-5116-6113-5

Ⅰ.①葫… Ⅱ.①李… Ⅲ.①三农问题-研究-葫芦岛市 Ⅳ.①F327.313

中国版本图书馆 CIP 数据核字(2022)第 246538 号

责任编辑　穆玉红　李　娜
责任校对　王　彦
责任印制　姜义伟　王思文

出 版 者	中国农业科学技术出版社
	北京市中关村南大街 12 号　　邮编:100081
电　　话	(010) 82106631 (编辑室)　　(010) 82109702 (发行部)
	(010) 82109709 (读者服务部)
网　　址	https://castp.caas.cn
经 销 者	各地新华书店
印 刷 者	北京建宏印刷有限公司
开　　本	170 mm×240 mm　1/16
印　　张	10
字　　数	160 千字
版　　次	2022 年 12 月第 1 版　2022 年 12 月第 1 次印刷
定　　价	45.00 元

◀◀◀ 版权所有·翻印必究 ▶▶▶

前　言

"三农"工作一直是我们党和国家的工作重点。2022年2月22日，中央一号文件《中共中央、国务院关于做好2022年全面推进乡村振兴重点工作的意见》（以下简称文件）发布，这是21世纪以来第19个指导"三农"工作的中央一号文件。由此可见，中央特别重视"三农"问题。

"三农"问题关系百姓吃穿住行和教育、医疗卫生等民生大事，只有把"三农"问题解决好了，民生福祉才有保障，人民才能过上幸福安康的美好生活。党中央坚持把解决好"三农"问题作为全党工作重中之重，把全面推进乡村振兴作为实现中华民族伟大复兴的一项重大任务，举全党全社会之力加快农业农村现代化，让广大农民过上更加美好的生活。把乡村建设摆在社会主义现代化建设的重要位置，全面推进乡村产业、人才、文化、生态、组织振兴，充分发挥农业产品供给、生态屏障、文化传承等功能，走中国特色社会主义乡村振兴道路，加快农业农村现代化，加快形成工农互促、城乡互补、协调发展、共同繁荣的新型工农城乡关系，促进农业高质高效、乡村宜居宜业、农民富裕富足。

当前，在辽宁振兴发展中，农村全面实施乡村振兴战略，坚持把"三农"问题解决好。针对辽宁西部地区农业还不发达，农村还很落后，农民还不够富裕的现实，特别是葫芦岛市作为承接东北和京津冀经济区的重要节点，巩固脱贫攻坚成果同乡村振兴有效衔接至关重要。恰逢"十四五"时期，是我国乘势而上开启全面建设社会主义现代化国家新征程、向第二个百年奋斗目标进军的第一个五年。全市人民充满信心、意气风发、斗志昂扬、踔厉奋发、勇毅前行，建功新时代。

本书围绕葫芦岛地区"三农"现实基础，分析了当前经济发展现状，探索未来发展的方向。鉴于个人水平及知识视野，书中如有不足之处，敬请广大读者及时指出并纠正。

著者
2022年8月

目　录

第一章　葫芦岛市农业发展概述 …………………………………（1）
　第一节　葫芦岛市农业发展概况 ……………………………（1）
　第二节　葫芦岛市农业产业化发展 …………………………（2）
　第三节　葫芦岛市农业产品深加工产业发展 ………………（33）
　第四节　葫芦岛市一二三产业融合发展 ……………………（54）

第二章　葫芦岛市农村概述 ………………………………………（60）
　第一节　葫芦岛市农村发展概况 ……………………………（60）
　第二节　葫芦岛农村的基本特征 ……………………………（64）
　第三节　葫芦岛市农村发展存在的问题 ……………………（65）
　第四节　农村现代化发展研究
　　　　　——以建昌县为例 …………………………………（70）
　第五节　农村集体经济发展新思路 …………………………（76）
　第六节　坚持供给侧结构性改革 ……………………………（82）

第三章　葫芦岛市农民概述 ………………………………………（87）
　第一节　葫芦岛市农民概况 …………………………………（87）
　第二节　葫芦岛市农民的基本特征 …………………………（89）

第三节　葫芦岛市新型农民发展现状 …………………（94）
第四节　葫芦岛市建昌县农民脱贫成果 ……………（97）
第五节　葫芦岛市实施乡村振兴战略的新探索 ………（111）

附录 ……………………………………………………（139）

第一章 葫芦岛市农业发展概述

第一节 葫芦岛市农业发展概况

葫芦岛市位于辽宁省西部沿海，是东北地区进入关内的重要门户。东与锦州为邻，西与山海关毗连，南临渤海湾，北与朝阳接壤。位于东经119°12′~121°02′，北纬39°59′~41°12′，南北垂直最大跨度约133千米，东西垂直最大跨度约150千米，土地总面积1.04万平方千米。辖3区、2县、1市，总人口280万，其中，非农业人口89万，农业人口占绝大多数。

农业在葫芦岛市经济发展中起基础性作用，是葫芦岛市经济建设和发展的基础产业，主要包括种植中药材、蔬果、玉米、高粱、花生和谷子等作物，养殖牛、羊、鸡、鸭等。部分产品经过初加工和深加工走向市场。近几年，葫芦岛市农业产品产值不断攀升，产品质量逐年提高，第一产业的强势发展对于拉动第二、第三产业起到了举足轻重的作用，一二三产业融合发展，取得长足发展，呈现良好势头。

受地理位置、交通和气候的影响，葫芦岛市气候属大陆性季风气候，冬寒夏暑，雨热同期。境内有京哈公路、京沈高速公路、京哈铁路和秦沈电气化铁路4条交通大动脉，海上运输主要有葫芦岛港和绥中港。海岸线长261千米，近海海域盛产海产品。

葫芦岛市农业生产具有强烈的季节性、地域性和周期性。

季节性。一年四季生产类型分明；生产时间与劳动时间不完全一致，受气温影响比较大；生产周期也比较长，谷物生产种植为一年一季，收入资金周转慢；产品大多具有鲜活性，不便运输和储藏，单位产品的附加值较低，农民收入并不能体现家庭的主要收入来源。

地域性。农业生产的对象是动植物，需要热量、光照、水、地形、土壤等自然条件。不同的生物，生长发育要求的自然条件不同。葫芦岛市各地的自然条件、经济技术条件和人们的思想差别很大。因此，农业生产具有明显的地域性。

周期性。动植物的生长大多有着一定的规律，并且受自然因素的影响。自然因素（尤其是气候因素）随季节而变化，并有一定的周期。所以，农业生产的一切活动都与季节有关，必须按季节顺序安排，季节性和周期性很明显。

农为邦本，本固邦宁。习近平总书记强调，"对我们这样一个有着14亿人口的大国来说，农业基础地位任何时候都不能忽视和削弱，手中有粮、心中不慌在任何时候都是真理""确保国家粮食安全，把中国人的饭碗牢牢端在自己手中。"

第二节 葫芦岛市农业产业化发展

葫芦岛市作为辽西农业生产县，能够把农业产业化做好将是对农民增收和现代化建设的最大利好。农业产业化是农业现代化的必由之路，是农业发展到一定阶段出现的一种新的形式，是解决"三农"问题的最有效办法。

一、葫芦岛农业产业化发展现状

近年来，葫芦岛市委、市政府为进一步推动设施农业上档次、上规模加大力度，使其逐步成为农民增收的主导产业，又重点在公路沿线的乡镇集中连片新发展温室大棚 1 万多亩，开始精心打造引领乡镇农业发展的绿色经济长廊。比如，葫芦岛建昌县加快了"三河两线"（大凌河、六股河、黑水河、朝青线、306 线）周边区域设施农业的发展。该县农业产业化起步晚，但发展势头良好，小范围发展逐渐扩散，从盲目性转向政府正确引导，积极服务，正在向规范化、有序化发展。即便如此，前进道路上还面临一些困境需要突破、需要解决和完善，比如市场导向不明显，主导产业、产品不突出，优化组合资金、科技、人才、土地等生产要素还不充分，综合运用水利、交通、信息等社会资源没达到完全合理，实行区域化布局、规模化发展、标准化生产、市场化运作、社会化服务还有一定差距，没有真正将生产、加工、销售形成一体化经营。

1. 产业结构、收入分配不合理

农业人口数量多，劳动力多，产值相对较低，仅靠农业收入还不能维持农民生活，农业生产不是农民依赖的主要产业。大部分农民家庭经济来源主要依靠劳动力外出务工。迫使他们放弃对农田、果树的管理，非农业收入远远高于从事农业生产收入。主要原因是部分农产品价格低廉，有的农产品则受交通，产品质量、数量、技术管理等因素制约，或因为农产品形不成规模而出现滞销现象。严重影响了农民从事农业生产的积极性。

2. 产品隐形污染严重

多年来，因农家肥缺乏，农民种地全靠施用化肥，再加上除草剂、催熟剂等农药的大量使用，多数农产品已不再是绿色产品，食品安全存在隐患。

3. 农业生产技术含量较低，农产品质量参差不齐

农产品附加值低没有完全利用现代的科学技术、现代化的手

段去改变落后的农机具，缺少普及发展现代农业和设施农业培训。缺少发展无公害大棚蔬菜基地、创建自己的品牌的意识。缺少增加就业和保障城市居民的"菜篮子"工程项目。

二、葫芦岛市农业产业化面临的困境

1. 缺少适合当地的产业化项目

有的乡镇政府还没有完全拓宽思路，设立开发项目，没有做好实地考察，工作具盲目性，还有地域受交通等客观因素的影响，基地小、资金少、胆子小，使发展处于犹豫状态。到外地参观考察形成羡慕的多，借鉴行动的少，还没有想方设法，大刀阔斧发展本土农业产业化生产。

2. 农民的思想观念狭隘

葫芦岛建昌县辖28个乡镇，276个行政村，总人口62万，其中农业人口53.3万，农村劳动力30万左右，其中，外出务工劳动力就占了一半，农民对产业化经营顾虑较多，担心投入大、产出小。农民打自己的"小算盘"，宁可外出打短工，低成本、效益高。他们只顾眼前利益，而不考虑发展种植业、养殖业收入的长期性、稳定性。例如，雷家店开展薄皮核桃生产和试验，用了20多年才走完这个认识过程。帮扶专家最开始免费送核桃树苗，有的扔了、烧了、砍了；后来每千克核桃售价达到40~50元，地、树"疯抢""疯包"，呈现良好发展势头，如今核桃树已经变成了"摇钱树"。归根结底有些项目是受到了农民狭隘思想的阻碍。

3. 具有规模的龙头企业较少，本土化企业规模小

有些企业信誉度低，缺乏诚信，对产业化发展产生不利影响，有的乡镇还存在不能结合本地实际引进规模企业。

4. 地理位置、交通条件没有明显优势

葫芦岛建昌县一不靠沿海，二不是沿边，距离大中城市又稍远，只有一条高速公路，铁路一条，一日一返，运输能力很小，这些客观条件也制约着建昌县经济的进一步发展。

5. 地方政府管理机制不太完善

有的乡镇政府职能不能有效发挥、没有保证双方利益公平。乡镇政府不能完全起到一个媒介的作用，没有做到一手牵两头，一方面要考虑到企业的利益，另一方面要顾及农民的切身利益。缺乏把农民的利益放在重要位置的意识，不能把一个项目真正发展好。

6. 社会化服务体系还不十分健全

部分农户市场意识、法律意识淡薄。外出务工农民的土地要么是疏忽管理、要么是放荒，没有积极寻找合理有效的利用方案，没有把资产转变为资本运营，没有土地流转意识，需要政府做到有效引导。

三、葫芦岛市农业产业化发展对策措施

1. 增强农民产业化意识

（1）增强农民市场意识

虽然改革开放已有40多年了，但存留着小农经济和计划经济观念对各项决策产生影响，对发展农村经济缺乏市场观念、品牌观念。要充分利用各种媒体，积极引导广大农民实施品牌兴农战略，以品牌促销售、以品牌促增收、以品牌促发展。改变自给自足的生产观念，让他们懂得市场经济特点，运行规律。不能盲目生产，否则，生产出来的产品就没有价值。

引导农民有序进城务工，由政府做中介帮助农村剩余劳动力合理转移。随着农业发展，现代农机具的使用，节省了农民劳力，

节省出的这部分劳力面临着就业的困难，挣钱多的工作不好找，挣钱少的不想干，青年劳力很多处于闲散状态。所以，积极引导，合理分配劳动力，分流一部分外出务工，其他剩余劳动力可以合理组织起来进行农业现代化生产，寻找一些劳动密集型或者是知识密集型的农业产业化项目来开发。

（2）增强农民生态意识、健康意识

目前，城市化进程加速，农业生产求量不求质的多，难免有些经营者唯利是图，投机取巧，不考虑产品营养，不考虑生态保护。农药、化肥污染严重，农副产品也不再是放心食品了。随着乡村振兴战略的实施，要抓住契机，大力生产无公害绿色农产品至关重要，如涉及我们生活的必需品：大棚蔬菜、水果、杂粮等。为己负责，为他人、社会负责，达到人与自然和睦相处、良性循环的良好势头。

（3）增强农民科技意识，培养农民科技带头人

从理念、思维意识、技术上引导农民解放思想，培养农民职业经理人，大胆引进新产品、新技术、新设备。学习先进的成功经验，培养一批有知识，懂技术的农民科技带头人，让科学技术在当地农业产业化运行中，真正起到第一生产力的作用。政府多组织一些科技下乡、新产品展销、新技术宣传，组织专人到各个乡村巡回播放一些有关农业产业化发展好的影视宣传片，让农民在家里可以看到外面的世界，也可以定期邀请成功人士做报告。让农民真正看到产业化经营的益处，增加产业化经营意识。

2. 培育特色生产基地

要紧紧围绕本地区资源优势，建设区域特色明显、规模优势突出、市场空间广阔的农产品生产基地，不断提升农业产业化经营水平。主导产业、特色产品基地是连接企业加工销售的第一车间，基地产品的规模和质量直接关系到龙头企业的生产和长远发

展。因此，龙头企业要发挥资金、技术、品牌、信息等优势，通过提供优质种苗、发放预定金、贴息贷款，提供全程服务等手段，改善生产基地的生产条件，培育和扶持基地建设。要通过产品鉴定会、产业联席会等方式，定期加强与基地农户的信息沟通，重点解决生产基地发展中出现的新问题。要进一步整合资源优势，发展专业户、专业村、专业乡镇，用一户带多户、多户带全村、一村带多村，多村成基础的路子，实行集中连片、规模发展，尽快形成有一定规模的产业带和产业群，形成完全的设施农业和生态农业生产基地，改变现有的小而全的产业布局。加大资金投入力度，努力争取政府扶持资金，增加银行低息贷款额度，吸引农民资金入股、争取赞助等多渠道筹集资金对培育基地建设非常重要。

3. 完善市场体系建设

有生产必需有销售，并且能够达到更好的销售。因此，要建立城区批发市场为核心，区域性市场为骨干，初级市场为基础的现代化市场流通网络。因此，适当的减免市场管理费及其他税费，甚至建立农民绿色通道，规范市场秩序，健全市场软硬件设施是吸引商户的有效途径之一。让商户与市场真正活跃起来，保持健康良性有效发展。

4. 培育龙头企业

没有龙头企业就没有"公司+农户"的经营模式，龙头企业经济实力的强弱和带动能力的大小，决定着"公司+农户"经营模式的程度、规模和成效。因此，培育龙头企业是提高"公司+农户"经营水平、推进农业产业化发展的关键。政府要加大对龙头企业资金扶持力度，改善金融信贷环境，完善基础设施建设，为龙头企业发展创造宽松的环境。要坚持以市场为导向，依托基地的资源优势、主导产业和特色产品，规划一批现代化的新型龙头企业，按照优胜劣汰、有进有退的原则，择优培育壮大一批有优势、有特色、有市场竞争力的重点龙头企业。要不断提高龙头企业经营管理、人才培养和科技创新能力，加大龙头企业和大专院校、科研院所的联合，不断引进新技术、新成果，生产适销对路、科技含量高、附加值高的产品，进一步延长龙头企业的产业链。龙头企业提供的服务是社会化服务的主体和基础，主要提供信息、技术、农业机械、农用物资、种子以及农产品的加工运销等。

葫芦岛建昌县农业龙头企业，主要以本地农副产品加工为主，多次在省级以上农业展览会、农业博览会中获奖。其中，金牛洞子牌绿野杂粮荣获东北四省区第五届绿博会（齐齐哈尔）畅销产品奖；金牛洞子牌绿野杂粮、要路沟牌要路沟杂粮、六股河牌真空包装鸭蛋、成洁牌绿源兔肉、锦虹牌雷家店绿色食品核桃、永成牌红枣一号、真诚牌水果罐头又荣获第三届辽宁国际（大连）农产品交易会优质产品奖。在第三届辽宁国际农产品交易会上绿野杂粮、雷家店绿色食品核桃受到农业部和省领导的关注和赞誉。

因此，企业要做大做强，让已经成型的小企业争取多方面支持，加强金融服务和财税扶持，竭尽全力支持小型、微型企业，使其成长起来，把企业品牌打出去，让所有企业在健康状态下逐渐壮大起来，尽快发展为龙头企业。

5. 扶持中介组织

中介组织是针对"公司+农户"经营模式的缺陷而进行的制度创新，是"公司+农户"经营模式健康发展的有效组织载体。公司与农户双方虽是合作互利的，但关键还得协调处理双方合作关系与利益分配，这是发挥这种模式有效性的核心。中介组织能提高农民的组织程度，改变农户在市场谈判中的弱势地位，对推动"公司+农户"经营模式的健康发展具有十分重要的意义。中介组织的形式有专业协会、专业经济组织、合作社等多种形式，这些形式都是各地的农民根据自己的实际情况,通过自愿联合、共同所有、联合控制等方式建立起来的,政府要在建立中介组织的舆论宣传、政策引导、扶持力度上下功夫。不断提高广大农民对中介组织重要性、必要性的认识,制定财政、信贷、税收等优惠政策,建立相关法律法规,按照群众自愿、市场运作的原则,加快中介组织建设步伐。全县农民专业合作社发展到200多家,其中,包括种植业,林业,水产业,服务业,养殖业。入社成员接近2万户,带动农户5万户。建昌县农民专业合作社多以种植、养殖为主。

6. 积极落实优惠政策和执行有关规定,完善内在运行机制

用好用足《有关农业产业化国家重点龙头企业的税收优惠政策》,认真执行《农业产业化国家重点龙头企业认定和监测管理办法》,履行申报、监测、认定、运行监测等程序。积极贯彻《农产品安全质量法规》,保证农产品市场秩序的公平、规范、有序。规范执行《项目资金管理办法》,完善农业资源配置机制、完善农业生产要素保障机制、完善农业微观主体利益机制,控制农产品在收购过程中的压级压价和农户弄假的行为。明确中介组织的性质、登记程序、权利义务、内部机构、运行模式、利益分配方式等。规范农产品购销合同制度内容,确保双方在自愿、平等、互惠互利的基础上进行交易。建立健全农牧业保险机制,因为农村自然灾害可预测性、防范性、应急预案差,要以机制减少转移灾难的损失强度。

总之,葫芦岛当前正处在发展的最关键时期,处在向好发展方向的拐点上。"没有做不到的只有想不到的",这就要求我们务必深入农村、农户逐一进行调查摸底,全面掌握经营农副产品的种类、数量、规模、特色,做到底数清、情况明。要因地制宜,充分发挥地区优势,利用山青水秀,风光秀美的自然地理条件,把不利因素变为有利因素,创造一切条件走农业产业化之路,贯彻落实乡村振兴战略,进一步巩固脱贫攻坚成果,加快农业农村现代化步伐，从根本上解决全县农民生活水平的问题。因此，下大力度进一步推动农业产业化的经营模式，以保证农民增产增收。

四、葫芦岛龙头企业概况

葫芦岛市龙头企业分为市级、省级和国家级，详见表1—表3。

表1 葫芦岛市市级重点龙头企业名单（共35家）

县（市）区	序号	企业名称	认证期限
建昌县（9家）	1	建昌县冬霞禽业有限责任公司	2022年12月31日
	2	建昌县民兴农牧有限责任公司	2022年12月31日
	3	建昌县宏程禽业有限公司	2022年12月31日
	4	建昌县要路沟米业有限公司	2022年12月31日
	5	建昌县辽西湖风景区有限责任公司	2022年12月31日
	6	建昌县鑫淼农副产品销售有限公司	2022年12月31日
	7	葫芦岛市康育种猪有限责任公司	2021年12月31日
	8	建昌县亿盛农业有限公司	2021年12月31日
	9	建昌县建农牧业公司	2021年12月31日
兴城市（6家）	1	兴城龙运井盐水水产养殖有限责任公司	2022年12月31日
	2	兴城智慧农业科技有限公司	2022年12月31日
	3	辽宁新玉种业有限公司	2022年12月31日
	4	兴城市程晟粮油购销有限公司	2021年12月31日
	5	辽宁红崖子花生有限公司	2021年12月31日
	6	辽宁丰稷农业科技有限公司	2021年12月31日
连山区（3家）	1	葫芦岛蓝鑫农业科技有限公司	2021年12月31日
	2	葫芦岛兴宫农副产品交易市场有限公司	2021年12月31日
	3	辽宁大山玉米食品有限公司	2021年12月31日

(续表)

县（市）区	序号	企业名称	认证期限
南票区（5家）	1	葫芦岛金海面粉有限公司	2022年12月31日
	2	葫芦岛市南票区分享绿色生态农业有限公司	2022年12月31日
	3	领运农业发展有限公司	2022年12月31日
	4	葫芦岛市南票区高桥红粮陈醋厂	2021年12月31日
	5	辽宁珍和园牧业有限公司	2021年12月31日
龙港区（1家）	1	葫芦岛市农业新品种科技开发有限公司	2022年12月31日
绥中县（11家）	1	绥中县洪峰牧业发展有限公司	2022年12月31日
	2	绥中旭生牧业有限公司	2022年12月31日
	3	绥中县大渔牧业养殖有限公司	2021年12月31日
	4	绥中县杨家沟家庭农场有限公司	2021年12月31日
	5	葫芦岛茂华生物有限责任公司	2021年12月31日
	6	绥中县荣祥鱼粉加工厂	2021年12月31日
	7	辽宁易轩堂海洋生物制品股份有限公司	2021年12月31日
	8	绥中淞之源植物蛋白有限公司	2022年12月31日
	9	绥中县长弘农业生产资料有限公司	2021年12月31日
	10	葫芦岛新中旭饲料有限公司	2022年12月31日
	11	绥中县亿唐农产品销售有限公司	2022年12月31日

表2 葫芦岛市省级重点龙头企业名单（共34家）

县（市）区	序号	企业名称	认证期限
建昌县（2家）	1	建昌县绿源牧业有限责任公司	2022年12月31日
	2	建昌县康龙牧业有限责任公司	2022年12月31日
兴城市（14家）	1	葫芦岛渤海浪花海产品加工有限公司	2022年12月31日
	2	葫芦岛海兴隆水产品有限公司	2022年12月31日
	3	辽宁馨予现代农产品深加工有限公司	2022年12月31日
	4	葫芦岛华星海水养殖有限公司	2022年12月31日

(续表)

县（市）区	序号	企业名称	认证期限
兴城市（14家）	5	兴城市佳盈伟业商贸有限公司	2022年12月31日
	6	兴城市赫远海水养殖有限公司	2022年12月31日
	7	兴城市海源水产品有限公司	2022年12月31日
	8	葫芦岛农函大玄宇食用菌野训繁育有限公司	2022年12月31日
	9	辽宁伟嘉农牧生态食品有限公司	2022年12月31日
	10	兴城菊花岛海产品有限公司	2022年12月31日
	11	兴城市大润水产养殖有限公司	2022年12月31日
	12	辽宁菊花女食品有限公司	2022年12月31日
	13	葫芦岛九股河食品有限公司	2022年12月31日
	14	兴城市金豆花生有限责任公司	2022年12月31日
连山区（2家）	1	葫芦岛市华盈粮食收储有限公司	2022年12月31日
	2	葫芦岛盛大牧业有限公司	2022年12月31日
南票区（1家）	1	葫芦岛高桥陈醋厂	2022年12月31日
龙港区（1家）	1	辽宁葫芦山庄文化旅游集团有限公司	2022年12月31日
绥中县（14家）	1	葫芦岛春贺食品有限公司	2022年12月31日
	2	葫芦岛衡大食品有限公司	2022年12月31日
	3	绥中县荣利农贸蔬菜批发市场	2022年12月31日
	4	葫芦岛鑫盛粮油食品有限公司	2022年12月31日
	5	绥中宏伟饲料有限公司	2022年12月31日
	6	葫芦岛市九江酒业有限责任公司	2022年12月31日
	7	葫芦岛市前所果树农场	2022年12月31日
	8	辽宁豪远农业科技有限公司	2022年12月31日
	9	辽宁恩希培养基技术有限公司	2022年12月31日
	10	绥中县古城粮油贸易有限公司	2022年12月31日
	11	绥中县铁山食品有限公司	2022年12月31日
	12	绥中县九江粮贸有限责任公司	2022年12月31日
	13	绥中宏伟禽业有限公司	2022年12月31日
	14	绥中县明远粮食贸易有限公司	2022年12月31日

表3 葫芦岛市国家级龙头企业名单（1家）

县（市）区	序号	企业名称	认证期限
县市	1	辽宁正业花生产业发展有限公司	2022年12月31日

五、建昌县农业产业化发展情况

1. 建昌县农业产业化概况

二品一标为：绿色食品、有机农产品农产品地理标志。全县共有绿色食品企业3家，产品4个。产品为要路沟杂粮合作社的要路沟牌小米，种植面积1万亩，汤神庙镇白云食品厂山楂0.2万亩，药王庙镇邱营子绿色粮食合作社生产的高粱0.5万亩、谷子0.5万亩，均有国家证书。截至2020年年底，有机农产品谷子0.2万亩，农产品地理标志农产品无。

2. 建昌县农产品品质提升和农业标准化生产中存在的问题

①农业标准化宣传力度不够，部分领导干部和农民群众对农业标准化意识和农产品质量意识淡薄，传统的种植观念还根深蒂固，重产量、轻质量的现象在一些地方和部门还不同程度的存在。

②资金投入不足，农业标准化意识不足、基础设施滞后，严重制约着标准化规模化生产，农产品质量检测体系尚未建立，使农业产业结构调整难以向广度、深度发展。

③缺乏大型的农产品龙头加工企业，现有企业数量少、规模小，产品质量档次低，附加值不高，多数农产品质量不优，成效不佳，市场竞争能力弱。

④农产品"有特色，无品牌"的现象十分突出，如何实施品牌战略，通过培育品牌，带动特色产业发展，真正把资源优势转化为经济优势，还需要作深入的探讨。

3. 品质提升和农产品标准化生产的解决途径

农产品质量安全倍受社会关注。目前，农产品生产、经营现状及产品质量存在许多困难和问题，如品种多、数量多，"三品一标"知名品牌少；生产经营人员多、分布广；生产经营分散，标准化、规模化、组织化程度低；检测体系不健全，预警能力较弱；监管力量薄弱，部门联合执法水平不高等，需要逐步研究解决才能确保农产品质量安全。

①加强种苗标准化体系建设。好的种苗是生产优质农产品的前提。一是有关部门要完善种苗标准的制定、修订工作，使标准不断适应社会进步和人们日益增长的物质需要；二是种苗引进时必须到相关部门进行申报，获得允许后方可引进种苗；三是要到安全无疫病的地区引种；四是所引种苗质量必须符合种用、质量、卫生标准；五是引进的种苗必须是经检疫合格的种苗；六是引进的种苗需隔离种养，经一定时间观察无异后方可使用；七是在引进转基因品种时要特别谨慎。

②加强生产基地净化体系建设。一是要找出基地污染源；二是明确职责，要按照属地管辖的原则落实责任主体；三是具体措施要有力，制定指标，细化内容；四是要严格考核和奖惩。通过大力开展"蓝天、清水、绿地、宁静、利废"五大行动来净化农业生产基地，为实现无公害基地、绿色基地认定奠定坚实的基础。

③加强生产过程标准化体系建设。一是要根据不同农产品生产要求制定相应的标准化生产技术规范；二是要制定农业设施化引进、安装、使用标准；三是要制定科学的现代农业设施操作规程；四是要大力培养新型农民；五是要落实生产主体质量责任制；六是要开展农业技术标准的集成转化和应用。

④加强疫病防控体系建设。一是要制定科学的动植物疫病防控计划和方案，确保疫病的可防、能防、可控，把疫病消灭在萌芽状态；二是要贮备好优质、充足的防疫物资；三是要建设好疫病防控队伍，提高其疫病防控能力；四是要加强疫情监测，提高疫情预警能力；五是要制定疫情应急预案，一旦发生疫情，能快

速响应,将疫情控制在最小范围。

⑤加强农业投入品安全体系建设。一是要加强饲料、农药、农膜、化肥等农业投入品生产单位的管理,杜绝不合格农业投入品出厂进入市场;二是要加强农业投入品经营单位的管理,实行许可制经营,严禁违禁农业投入品上市销售;三是及时将国家发布的违禁投入品名录发放到农业生产者手中;四是要加强农业投入品使用的技术指导,以防止药残和降低耐药性;五是要指导农业生产者严格执行休药期制度。

⑥加强农产品准入准出体系建设。一是在市场准入方面,建立和完善农产品市场准入机制,以政府名义发布准入品种,准入标准,明确管理单位,落实管理手段,并制定不准入农产品的处理措施;二是在准出上,配置农产品质量安全快速检测设备,配备内检员,开展农产品产地环境现场检查和产品质量安全监测,建立农产品质量安全监测档案,健全农产品质量安全信息定期通报和报告制度,执行农产品质量安全产地准出制度。

⑦加强农产品质量检测体系建设。以县农产品质量安全检验检测中心为龙头,各乡镇(单位)农产品质量安全检验检测机构为网点,建立健全检测网络,提高检测能力。一是尽快完善县级农产品质量安全检验检测体系;二是建立健全各乡镇(单位)农产品质量安全检验检测机构;三是积极引导帮助农产品企业、专业合作社及生产基地建立符合要求的内部检测机构。

⑧加强农业产业化生产经营体系建设。一是要大力培育农业生产加工龙头企业,走"龙头企业+基地+农户"的产业化道路;二是大力发展农民专业合作社、农业行业协会;三是大力支持农村经纪人的发展;四是全面培养农村种养大户;五是要建立和规范农产品加工、批发、销售专业市场,不断提高农业生产经营的组织化程度。

⑨加强农产品"三品一标"及品牌化体系建设。尽快将"菜篮子、米袋子、肉奶蛋"产品纳入无公害农产品认证范畴,积极

推行瓜、菜、果、鱼、茶、食用菌等主要鲜活农产品无公害强制性认证；将"优势农产品、加工农产品和出口农产品"纳入绿色食品认证范畴；将"国际市场需求的农产品"纳入有机农产品认证范畴，提高品牌农产品质量。大力挖掘地理标志农产品资源，将"知名度高、历史悠久、品质个性特征明显、产业发展强劲的农产品"纳入农产品地理标志登记保护范畴，提升农产品的特色品质，不断提高葫芦岛市农产品市场竞争力。

⑩加强农产品质量追溯体系建设。追溯是实现纠错、责任追纠和完善监管的重要手段。一是要建立健全农业投入品，农用种苗的购进、出售记录；二是要建立真实、准确、翔实的生产过程记录；三是要实行包装封口条码制，要在包装上标明产品名称、产地、生产日期、生产单位、执行标准、保质期等信息；四是要完善运输、销售记录；五是要加快农产品安全信息化建设，建立农产品质量安全关键过程远程监控；六是建立统一的追溯手段和技术平台，提高追溯体系的便捷性和有效性。

六、建昌县2020年绿色农业发展工作

1. 发展概况

习近平总书记指出，"绿水青山就是金山银山"。促进农业绿色发展，是农业供给侧结构性改革和新旧动能转换的主攻方向，也是实施乡村振兴战略的重要内容。2020年以来，建昌县牢固树立"绿水青山就是金山银山"的理念，坚持质量兴农、绿色兴农，强化改革创新，加快产业升级，有力促进了保供给、保收入、保生态的协调统一，全县农业绿色发展能力明显增强。

（1）加快转变发展方式，构建绿色农业发展产业体系

坚持以绿色生态为导向，加快构建布局科学、结构合理、规模适度、融合发展的农业绿色发展产业体系。一是优化布局结构。积极推进特色产业向优势区域集聚，建设6个高效农业示范园，

培育了雷家店核桃、要路沟小米、药王庙蓝莓、和尚房子黄瓜、养马甸子食用菌等一批特色农业乡镇。二是提升规模经营。坚持把现代农业园区、农民合作社、家庭农场作为绿色发展的主力军，以点带面，提高农业绿色发展的示范带动能力。2020年纳入农业农村部名录的家庭农场比2019年增长超过10%，培育家庭农场8家。以"互联网+"推动一二三产业深度融合，打造绿色农业发展产业链、价值链，变绿色为效益。

（2）强化全程质量监管，推广绿色农业发展生产方式

增加绿色优质农产品供给，提升质量效益和竞争力，是绿色农业发展的重要目标。严格落实食品安全"四个最严"，确保舌尖上的安全。一是提升标准。认真落实国家标准、行业标准。建昌县建设畜牧业标准化规模养殖场5家，水产健康养殖示范场2家。二是强化监管。初步建成县、镇、街/村三级农产品质量监管体系，全域禁止销售使用高毒、高残留农药，推行农药准入、登记备案、实名购买、农药经营者持证上岗制度，实行规范经营。三是打造农业品牌。实施农业品牌战略，大力发展"二品一标"农产品，全力打造建昌白梨、要路沟小米、雷家店核桃、要路沟水煮干豆腐、六股河鸭蛋区域公用品牌，提升了品牌影响力和竞争力。玉和土猪、要路沟小米于2018年、2019年、2020年连续入选辽宁礼品殊荣。建昌县现有有机谷子0.22万亩，绿色食品4个，种植面积2.2万亩，分别是要路沟谷子1万亩，白云山楂0.2万亩，邱营子谷子0.5万亩，高粱0.5万亩。

（3）着力解决突出问题，破解绿色农业发展瓶颈

农业面源污染是制约绿色发展的突出问题，按照"一控两减三基本"的要求，着力加强农业面源污染综合防治，促进农业产地环境明显改善。一是实施化肥农药减量增效行动。围绕农业投入品减量化，大力推广水肥一体化、测土配方施肥、有机肥替代化肥、农作物病虫害统防统治、绿色防控等减量增效

技术。二是实施农业废弃物综合利用行动。围绕农业废弃物资源化，积极推广农作物秸秆还田、青贮等技术，完成机械秸秆还田3万亩，农作物秸秆综合利用率达90%。以有机肥和农村能源为主要利用方向，强化畜禽粪污资源化利用，全县38家规模养殖场畜禽粪污处理利用设施配建率达到94.73%，畜禽粪便处理利用率90%。全县农村沼气年总产200万立方米。三是建设农业面源污染综合防治示范区。围绕产业模式循环化，积极发展种养结合的循环农业，示范区采取化肥农药减量增效、秸秆综合利用、地膜污染治理、沼气工程建设、农产品产地土壤重金属污染修复和面源污染监测七项综合措施。农业废弃物无害化处理率81.4%以上。

（4）加强资源环境保护，增强农业绿色发展支撑能力

坚持把保护生态环境放在优先位置，以资源环境承载力为基准，优化农业绿色发展生态系统。一是加强耕地质量保护提升。计划实施建设高标准农田0.8万亩，项目已经完成招标。二是实施"绿满建昌"绿化行动，打造绿色生态屏障。全县林木绿化率达到37.1%以上。完成新造林22.2万亩。

2. 主要做法

①加强组织领导。坚持把农业绿色发展摆在乡村振兴战略实施和生态文明建设全局的突出位置，切实加强组织领导。县农业农村局建立由局主要领导为组长的领导小组，下设办公室，确保组织到位、力量到位和工作到位。

②坚持计划先行。紧紧结合建昌资源禀赋和产业发展特色，研究制定农业绿色发展先行创建方案，并以创建方案为引领，有计划开展农业绿色发展创建工作，突出问题导向、目标导向和绩效导向，确定目标任务、工作重点和保障措施。制订年度工作计划，建立任务清单和责任清单，有序高效推动工作深化。

③强化示范引领。坚持以粮食生产功能区、现代农业园区、特色农产品优势区为主阵地，确定一批基础条件较好的区域，先行开展创建，打造具有区域或产业特色的绿色发展主平台，不断总结典型经验，发挥示范效应，推动绿色发展成为全县现代农业的普遍形态和深厚底蕴。针对试点先行区工作加强政策扶持，统筹财政资金，加大工程项目投入，以工程建设支撑工作推进。

④加强制度保障。建立"政府引导、主体自觉、各方监管"的发展机制，进一步强化正面激励与负面约束，强化耕地保护、生态补偿和绿色生产等政府补贴、用地、用电、保险等政策支持。探索农业生态环境"黑名单制度"及其对不符合绿色发展导向的暂停公共财政支持的约束机制。建立考核推进机制，强化工作责任和目标考核。

⑤强化技术支撑。健全科技创新推广体系，加强绿色技术推广落地，重点突破农业废弃物资源化高效利用、农业投入品精准减量、产地环境修复等关键技术，强化耕地保育、地力提升、农业面源污染治理、节水灌溉技术装备、高效种植模式、农产品精深加工等技术开发熟化。加强科技人才队伍建设，加大经营主体和职业农民培养培训，鼓励农业科技人员与农业技能人才结对创业创新，培养一批具有绿色发展理念、熟练掌握绿色生产技术的农业专业人才和新型职业农民。2020年计划培训新型职业农民700人，其中，经营管理型380人，专业生产型和技能服务型320人，目前正在进行招标。

3. 存在问题

目前，建昌县农业绿色发展仍然存在着一些突出问题，主要表现在：一是农业资源约束紧。建昌县属于典型的山区县，由于遭受连年干旱，水已成为农业绿色发展的严重制约因素；随着工业化、城镇化进程加快，耕地面积不减少、质量不下降的压力越来越大。二是农业面源污染治理压力大。受农民传统种植习惯影响，过量使用化肥农药的现象还较为普遍，化肥农药利用率仍然偏低，短期内难以实现化肥农药较大幅度降低。畜禽养殖废弃物无害化处理设施尚未全覆盖，散户饲养畜禽仍然存在，废弃物乱排乱放仍时有发生。三是农业节本增效技术推广水平较低。由于基层农技推广力量薄弱，农业经营主体小而散，经营规模普遍较小，加上有些节本增效技术成本较高，而且缺乏法规约束，农民主动接受新技术的意愿较低。例如，由于成本差距较大，农民一般不会使用价格高的可降解地膜和国家标准地膜，而使用价格低廉的超薄地膜，造成回收率低。

4. 发展方向和目标

下一步，将全面建立以绿色为导向的制度体系，推进资源利用更加节约高效、产地环境更加清洁、生态系统更加稳定、绿色供给能力明显提升，实现农业强、农民富、农村美。

打好农业面源污染攻坚战。围绕投入品减量化、生产清洁化、废弃物资源化、产业模式生态化，扎实推进"四减四增"三年行动，调整农业投入结构，减少化肥农药，增加有机肥。积极推进秸秆综合利用、畜禽粪便无害化处理、农用废弃地膜回收利用，逐步建立市场主体回收、专业机构处理、公共财政扶持的农业废弃物回收和集中处置体系，实现源头减量、过程控制、末端循环利用。

着力推进农业新旧动能转换。以都市现代农业发展为定位，以绿色生态为导向，以供给侧结构性改革为主线，进一步优化结构布局，加快推进粮食生产功能区、高效设施农业示范区、特色农业优势区、畜牧业绿色发展示范区建设，形成科学适度有序有农业空间布局，积极推进农业特色小镇、田园综合体建设，壮大农产品精深加工业，促进农商文旅融合发展，全面提升农业质量和效益。

着力提升农业绿色发展水平。严格落实"四个最严"的要求,强化农产品质量安全主体责任和监管责任,健全农产品质量安全监管体系,扩大农产品质量检测和追溯范围面,促进农产品按标生产、按标上市、按标流通。制定农业绿色发展评价指标,强化绩效评估和督导检查。

着力强化农业绿色发展支撑。强化科技创新支撑,加大农业绿色发展技术模式创新研发和集成推广力度,加快成熟适用绿色技术、绿色品种的示范、推广和应用,支持农业新型经营主体推广应用农业节能减排技术,发展生态循环农业。强化政策资金支持,加快推进以绿色生态为导向的农业补贴制度改革,加大涉农资金整合力度,实施绿色田园保护工程,重点支持推广一批农业绿色发展集成技术,建设一批生态循环农业项目,创建农业可持续发展示范区。

七、葫芦岛绿色农产品生产情况

对葫芦岛市绿色农产品生产情况做了统计。详见表1~表12。

表1 建昌县特色农产品统计表

乡镇	产品情况		品牌情况	绿色无公害认证情况	备注
	产品名称	产量（吨/年）			
王宝营子乡	黄瓜	23 000	无	无	
汤神庙镇	黄瓜	20 000	无	无	
牤牛营子乡	黄瓜	5 000	无	无	
喇嘛洞镇	番茄	4 000	无	无	
碱厂乡	草莓	2 000	无	无	
头道营子乡	黄瓜	5 000	无	无	
魏家岭乡	番茄	5 000	无	无	

(续表)

乡镇	产品情况		品牌情况	绿色无公害认证情况	备注
	产品名称	产量（吨/年）			
养马甸子乡	香菇	20 000	无	无	
和尚房子乡	黄瓜	29 000	无	无	
八家子镇	黄瓜	16 000	无	无	
大屯镇	香菇	5 000	无	无	
杨树湾子乡	黄瓜	9 000	无	无	
黑山科乡	黄瓜	5 000	无	无	
雷家店乡	番茄	5 000	无	无	
药王庙镇	黄瓜	8 000	无	无	
小德营子乡	青椒	5 000	无	无	
二道湾子乡	番茄	6 000	无	无	
玲珑塔镇	黄瓜	6 000	无	无	
谷杖子乡	黄瓜	5 000	无	无	
巴什罕乡	黄瓜	3 000	无	无	

表2　建昌县特色农产品统计表（水果）

乡镇	产品情况		品牌情况	绿色无公害认证情况	备注
	产品名称	产量（吨/年）			
和尚房子乡	梨	22 000	无	无	
养马甸子乡	梨	7 500	无	无	
巴什罕乡	桃	1 100	无	无	
新开岭乡	山楂	4 100	无	无	
贺杖子乡	山楂	1 600	无	无	
要路沟乡	山楂	1 000	无	无	

(续表)

乡镇	产品情况		品牌情况	绿色无公害认证情况	备注
	产品名称	产量（吨/年）			
头道营子乡	苹果	1 200	无	无	
老大杖子乡	苹果	1 000	无	无	
牤牛营子乡	苹果	1 100	无	无	
素珠营子乡	苹果	1 050	无	无	
小德营子乡	苹果	1 500	无	无	
	梨	1 600	无	无	

表3 建昌县特色农产品统计表（谷子）

乡镇	产品情况		品牌情况	绿色无公害认证情况	备注
	产品名称	产量（吨/年）			
王宝营子乡	谷子	1 000	无	无	
汤神庙镇	谷子	1 200	汤叠沃而	有机认证	
老大杖子乡	谷子	1 000	无	无	
要路沟乡	谷子	2 500	要路沟小米	绿色，地理标识	
魏家岭乡	谷子	750	无	无	
碱厂乡	谷子	700	无	无	
贺杖子乡	谷子	500	无	无	
喇嘛洞镇	谷子	1 500	无	无	
头道营子乡	谷子	1 300	无	无	
药王庙镇	谷子	1 500	无	无	
大屯镇	谷子	1 200	无	无	
巴什罕乡	谷子	500	无	无	
小德营子乡	谷子	500	无	无	

表4 绥中县特色农产品统计表（蔬菜）

乡镇	产品情况		品牌情况	绿色无公害认证情况	备注
	产品名称	产量（吨/年）			
宽邦镇	黄瓜	46 200	无	无	
西平坡乡	黄瓜	6 000	无	无	
荒地镇	茄子	10 000	无	无	
小庄子镇	白菜	3 000	无	无	
	大葱	3 000	无	无	
塔山屯镇	生姜	11 000	无	无	
	茄子	89 000	无	无	
王宝镇	大根萝卜	52 000	无	无	
高台镇	黄瓜	5 000	无	无	
	豆角	2 000	无	无	
	大根萝卜	7 500	无	无	
高岭镇	大根萝卜	5 000	无	无	

表5 绥中县特色农产品统计表（马铃薯）

乡镇	产品情况		品牌情况	绿色无公害认证情况	备注
	产品名称	产量（吨/年）			
小庄子镇	马铃薯	82 875	无	无	
高台镇	马铃薯	41 675	无	无	
高岭镇	马铃薯	60 325	无	无	
王宝镇	马铃薯	32 000	无	无	

表 6　绥中县特色农产品统计表（花生）

乡镇	产品情况		品牌情况	绿色无公害认证情况	备注
	产品名称	产量（吨/年）			
宽邦	花生	3 600	无	无	
西平	花生	7 000	无	无	
高台镇	花生	14 400	无	无	
高甸子	花生	7 200	无	无	
大王庙	花生	2 200	无	无	
范家	花生	4 400	无	无	
西甸子	花生	3 700	无	无	
前所	花生	2 000	无	无	
高岭镇	花生	5 100	无	无	
前卫	花生	11 600	无	无	
王宝镇	花生	11 000	无	无	
网户	花生	6 500	无	无	
荒地	花生	11 200	无	无	
沙河	花生	13 000	无	无	
塔山	花生	10 000	无	无	
小庄子镇	花生	4 300	无	无	

表 7　绥中县特色农产品统计表（大豆）

乡镇	产品情况		品牌情况	绿色无公害认证情况	备注
	产品名称	产量（吨/年）			
塔山屯镇	大豆	2 300	无	无	
小庄子乡	大豆	2 200	无	无	

表 8　兴城市特色农产品统计表（蔬菜、食用菌）

乡镇	产品情况		品牌情况	绿色无公害认证情况	备注
	产品名称	产量（吨/年）			
大寨乡	大根萝卜	120 000			
南大乡	辣椒	1 500	敬植园	绿色认证	

表 9　兴城市特色农产品统计表（水果）

乡镇	产品情况		品牌情况	绿色无公害认证情况	备注
	产品名称	产量（吨/年）			
三道沟	苹果	1 500	老黄顶、辽西三道沟	绿色认证	
碱厂	南果梨	1 100	石湖沟	绿色认证	

表 10　兴城市特色农产品统计表（花生）

乡镇	产品情况		品牌情况	绿色无公害认证情况	备注
	产品名称	产量（吨/年）			
红崖子镇	花生	27 000	"红崖子花生"国家地理标志产品、"金豆""黄小丫""黑盛""咱有仁儿""仁生七味"	"金豆王"绿色食品认证、无公害认证	"红崖子花生"国家地理标志产品保护范围包括红崖子镇、沙后所镇、南大乡、郭家镇、围屏乡、望海乡、碱厂乡
南大乡	花生	22 000	"红崖子花生"国家地理标志产品	无公害认证	

(续表)

乡镇	产品情况		品牌情况	绿色无公害认证情况	备注
	产品名称	产量（吨/年）			
曹庄镇	花生	11 750	无	无公害认证	
元台子乡	花生	11 750	无	无公害认证	
羊安乡	花生	9 650	无	无公害认证	
沙后所镇	花生	17 077	"红崖子花生"国家地理标志产品	无公害认证	
东辛庄镇	花生	11 500	无	无公害认证	
郭家镇	花生	10 000	"红崖子花生"国家地理标志产品	无公害认证	
药王乡	花生	4 000	无	无公害认证	
围屏乡	花生	15 500	"红崖子花生"国家地理标志产品	无公害认证	
望海乡	花生	14 500	"红崖子花生"国家地理标志产品	无公害认证	
碱厂乡	花生	14 500	"红崖子花生"国家地理标志产品	无公害认证	
三道沟乡	花生	1 625	无	无公害认证	
大寨乡	花生	8 250	无	无公害认证	
高家岭镇	花生	8 250	无	无公害认证	
旧门乡	花生	5 500	无	无公害认证	
白塔	花生	7 500	无	无公害认证	
刘台子	花生	5 500	无	无公害认证	
宁远街道	花生	2 125	无	无	
古城街道	花生	2 500	无	无	

表 11　连山区特色农产品统计表（蔬菜）

乡镇	产品情况		品牌情况	绿色无公害认证情况	备注
	产品名称	产量（吨/年）			
沙河营乡	韭菜	4 900	邢屯韭菜	有认证	

表 12　连山区特色农产品统计表（水果）

乡镇	产品情况		品牌情况	绿色无公害认证情况	备注
	产品名称	产量（吨/年）			
塔山	塔山福桃	60	无	绿色	
	虹螺山仙桃	30	无	绿色	
新台门	葡萄	20	无	绿色	
寺儿堡	正佳红樱桃	5	无	绿色	

八、建昌县农产品质量安全建设成果

2020年按照市县质量强县分工目标任务要求，结合农业职能工作，深入贯彻落实国务院"四个最严"，紧紧围绕全县农产品质量安全，全面实施"质量兴县、生态立县"战略，积极做好农业生产环节质量监管。

1. 加强领导，量化目标责任

①组织领导。成立建昌县农业农村局质量工作领导小组，由局长任组长，分管副局长任副组长，相关站股室负责人为成员，办公室设在县农产品质量安全中心，负责日常工作开展。

②经费保障。将农产品质量安全经费纳入年初财政预算规划，落实财政专项经费保障工作有序推进。

③目标责任。量化目标，细化任务，28个乡镇成立14个农产品质量安全监管区域站，专人负责农产品质量安全工作。将农产

品质量工作纳入县政府绩效考核范围。与14个乡镇区域站签订《农产品省质量安全目标责任书》《动物卫生防疫安全目标责任书》，细化任务分工，落实责任。

④落实应急机制。制定《建昌县农产品质量安全突发事件应急预案》，设立农产品质量安全监管举报电话，确保质量有保障，措施到位。

2. 强化农产品质量安全监管，确保全年不发生重大农产品质量安全事故

①严把农产品抽样检测关。将建昌县主要食用农产品（蔬菜水果、畜禽产品）全部纳入监测范围，年初制订了农产品监测计划并下发各乡镇监管站。开展蔬菜、食用菌、蛋禽等抽检工作，抽检坚持做到全覆盖。截至目前，食用农产品（水果蔬菜）累计快速检测达650多个样品，检测合格率达100%。畜禽产品累计快速检测840个，检测合格率100%。圆满完成市农业局下达的"1批次/千人"风险监测任务，并及时报送风险监测工作信息。

②把好农产品源头监管关。坚持"标本兼治、打防并举、综合治理"的原则，约谈农产品经营单位按要求100%建立了经营台账，使用单位100%建立了农产品使用记录档案。

③把好产地环境监控关。建立了农产品产地安全监测管理制度，农产品产地环境档案，制定并发布了产地环境保护政策。及时出台了禁止销售和使用剧毒、高毒、高残留农药的规定。定期开展产地环境执法巡查，耕地重金属污染普查，推行循环农业，作物秸杆还田和农村沼气池等人畜粪便综合利用技术。

④把好畜禽屠宰场管理关。在建昌县规模化畜禽养殖场建立沼气池等无污染循环利用设施，达到零排放。驻厂检测日志做到连续、完整、详实，相关记录和处理记录完整；充分落实巡查、日志和检测制度；畜禽粪污染源利用率达到75%以上，规模化养殖场粪污处理设施装备配套率达到95%以上。

⑤做好两品一标认证关及证后管理。依照《绿色食品管理办法》《有机农产品管理办法》《农产品地理标志管理办法》积极开展工作。截至目前，有绿色食品企业3家，产品4个，种植面积2.2万亩。有机谷子0.22万亩，建昌白梨农产品地理标志认证材料已经上报国家待终审。

3. 强化农业执法，深入开展专项整治

①开展"农产品质量安全"专项治理行动。重点整治假劣种子、农药、化肥、农膜等违法经营行为。共出动执法车辆70台次，执法人员200余人次，查处违法行为4起，责令整改4家，约谈4家。确保农民群众用上"放心种""放心肥""放心药"，维护农民合法权益。

②开展渔业专项执法检查。出动执法人员20余人次，对六股河、大凌河河沪等主要流域开展执法巡查10余次，严厉打击了毒鱼、电鱼、炸鱼等多种多样的非法捕捞行为，为保护全县渔业资源工作奠定了良好的基础。

③开展高毒、高残留等禁用农药专项整治。以甲胺磷、克百威、氧乐果义、水胺硫磷等为重点农药品种，以果蔬生产基地为重点区域，农药购买使用高峰期为重点时段，集中整治经销禁限用高毒农药、含隐性成分农药等违规违法行为。切实强化监管执法，设立举报投诉平台，推行有奖举报。

④强化信息化建设，实施好食用农产品合格证制度。建昌县逐步建立完善农产品质量安全信息网、农产品质量安全追溯平台、农产品质量安全监控系统。计划将蔬菜、水果、食用菌等主要农产品生产企业和重点基地纳入可追溯范围，通过系列管理，实现产前、产中、产后无缝衔接。

⑤强化宣传培训，营造创建良好氛围。以农产品质量检测、农业标准化推广、绿色防控、统防统治、农业投入品使用为重点，结合新型职业农民科技培训、扶贫技术培训等积极开展培训。利

用电视、LED等播放公益广告及发送手机短信,举办"3.15食品安全宣传""绿色食品宣传月"启动仪式,通过现场咨询、设立展板、张贴宣传标语、高速路展牌、基地宣传牌等,大力宣传农产品质量安全知识,建昌县上下形成覆盖全域全民参与的良好氛围,有力保障了生态农业健康持续发展。

4. 工作亮点

①督促种植业和畜牧业签署不哄抬物价承诺书。新冠肺炎疫情期间,为保持蔬菜、水果和猪肉、牛肉等产品市场稳定,组织8家企业签署不哄抬物价承诺书,维护了市场秩序。

②实施农产品合格证制度。为保障食用农产品安全,维护消费者权益,积极实施了建昌县食用农产品合格证制度,目前正在有序推进中。

5. 存在问题

由于正在进行事业单位机构改革,农产品监管工作面临困难较多。

①质量安全监管难度大。客观上,农产品种类繁多,生产周期长,生产经营分散,从生产到消费环节多,影响农产品质量安全的不确定因素较多;主观上,生产经营者为降低生产经营成本,谋求利益最大化,仍存在不按照法定要求从事生产经营活动的现象。

②标准化推广进度较慢。近几年,国家制定并颁布了一大批强制性的农产品质量安全标准和生产技术规范,对农产品的生产经营者提出了明确要求,但由于农产品生产、经营主体的质量安全意识不强,专业化生产水平低,特别是普通农民群众的文化素质有限等多种原因,很难全面掌握相关的农产品质量安全标准,影响了农产品生产标准水平提高。

③农产品质量安全监管手段较为单一。监管队伍没有配备相

应的监管设备，只能靠肉眼、靠常识来初步判断监管对象的生产经营行为，无法利用更加科学有效的仪器设备监管深层次安全隐患。乡镇快检虽然全覆盖，但检测数据较粗略，误差较大，不能作为判断的标准；定性检测过程较长，结果滞后，即使检测出不合格产品，但被检产品已经销售结束，难以快速应对安全事件。

④农产品质量安全意识有待提高。部分农产品经营企业负责人的农产品质量安全意识不高，法律意识淡薄，质量安全责任落实不到位，对政府部门的监督、监管工作消极应付，缺乏积极性、主动性，有的甚至抵触，监管工作推进难度较大。

⑤监管队伍有待进一步加强。县乡村虽然均建立监管机构，配备监管人员，但监管机构都是挂靠乡镇农管站，监管人员全是身兼数职，面对诸多工作分身无术，对监管工作也只能应付了事，难以深入开展。

6. 建昌县未来发展规划

①健全安全监管服务体系。加强农产品质量安全检验检测体系建设，尽快配备后期监测设备，给予运行资金。正常开展检测工作。

②建立专业监管队伍。积极推进基层监管站建设，配备专业监管人员，加强法律法规和监管专业技能培训，发挥好乡镇监管站和村级协管员作用，落实农产品质量安全监管属地管理责任。

③强化法律法规宣传普及力度。通过各种载体形式，广泛宣传《农产品质量安全法》《食品安全法》等法律法规的重要意义和法律责任，逐步提高公众的农产品质量安全意识和法治意识，营造良好的社会氛围。

④加强农产品质量安全监督执法。组建农业综合执法队伍，将农产品质量安全监管纳入农业综合执法范畴。落实对应的执法巩工作经费。

⑤健全质量安全追溯体系。积极探索农产品质量安全追溯机

制,借助信息化监管,实现农产品"带码销售、带证上网、带标上市"。

⑥扎实开展农产品品牌提升行动。持续完善品牌发展支持政策,对经营主体申报和认证农产品地理标志、"二品一标"、创建品牌的进行必要的财政补贴。

第三节 葫芦岛市农业产品深加工产业发展

针对葫芦岛地区农产品附加值低、质量不优和经济效益不高、运营链条短等一系列短板,从而使农民轻视农业生产影响本地区农民收入的现状,为了更有效地扭转这种趋势,结合地区实际情况,突出本土性、实践性与对策性,在保证产能的情况下,更加合理整合人财物资源、融合一二三产业协调发展,能够通过提升精深加工能力水平,让农民的产品通过高质量的精深加工,生产出精品使原来的产品提质增效,更多地增加农民收入。

农产品精深加工是在粗加工、初加工基础上,将其营养成分、功能成分、活性物质和副产物等进行再次加工,实现精加工、深加工等多次增值的加工过程,是延长农业产业链、提升价值链、优化供应链、构建利益链的关键环节,是推进农业供给侧结构性改革、加快农业农村现代化的重要支撑力量。促进农产品精深加工高质量发展,对于农业提质增效、农民就业增收和农村一二三产业融合发展,推动农产品加工技术装备提升,实施乡村振兴战略,保持国民经济平稳较快增长,都具有十分重要的意义。

葫芦岛地区经济处在辽西经济的重要关口,能够与京津冀经济区协同发展,特别是在长期的社会经济活动中,由于历史、地理、政治、人文环境、自然生态等因素的影响,这部分区域经济在一定的生产力发展水平条件下有了一定的经济发展,也有了一定的滞缓。如今,脱贫攻坚战已经取得了重大成果,全市人民为葫芦岛的区域经济做出了努力和贡献,今后专家学者还要继续积极投身经济社会科学研判中来,开拓创新思维,综合系统观念,要充分认识农业农村经济至关重要,农业为本,提高农产品精深加工能力和水平在比较优势中的重要性。所以研究好这个课题对于葫芦岛地方经济的影响极其重要,为农业高质高效发展,勇于为葫芦岛经济社会献计献策,为实现葫芦岛经济社会发展整体目标奠定一定理论基础和可操作的实践价值具有重要的意义。

一、葫芦岛市农产品精深加工能力水平现状

葫芦岛市地处辽西,民风淳朴,百姓勤劳务实,但是缺少创新创业精神,百姓生活还不够富裕。"改革春风吹满地,不能落下辽西一块地",这是葫芦岛市历任领导对百姓的承诺书,也是多年来葫芦岛广大百姓对美好生活表达期望声音的缩写。葫芦岛农业人口占全市总人口65%,农民生活质量的好坏,农村经济发展程度的快慢,农业GDP水平的高低是关系到全市经济社会发展快慢的晴雨表,葫芦岛市委市政府为了实现百姓对美好生活的期盼也是心急如焚,百姓的"急难愁盼"问题时时挂在领导的心头上。

过去多年来,农村种植和养殖农产品都是不经过加工或是粗加工就出售,随着农业农村现代化意识的加强,过去生产比较粗糙、原始、简单而笨拙,以手工劳动方式为主的落后的农业生产已经不合时代步伐。利用现代科学技术、先进机械设备、先进管理方式对农产品精深加工是当前和今后增加农产品附加值的最有效途径。目前,葫芦岛的农村农业生产绝大多数还依然停留在比较原始落后的生产阶段,为了能够使农业在本地区经济发展中不落后和不拖后腿乃至达到农业富民的任务目标,务必加快农产品精深加工能力和水平。

1. 自然条件

自然环境的优劣会影响一个地区的发展，环境好容易顺势而为，环境恶劣如同逆水行舟。葫芦岛地区农业农村绝大多数处于山区。一是地理位置特殊，葫芦岛位于辽宁西南部，山区多，平原少。山区交通不是十分便利，交通出行和农村农产品销售都不方便，货物运输仅靠刚刚兴起的物流产业，货运工具以汽车为主，运输量极其有限，形成农产品外销瓶颈，所以从这个角度考虑很适合在本地经过加工后再外销，既能减小体量，减轻运输压力，又能提高产品售价，进而增加农民收入，另外还能解决部分就业问题，现在对于葫芦岛农产品加工典型企业有兴城的花生加工企业、连山和建昌的杂粮加工、建昌的牡丹油料加工和核桃油加工。二是气候条件属于干旱少雨区，降水少，日照时间长，水分蒸发快，相对无霜期较长，农作物生长期较长，大部分农作物属于一年收一季，绝大多数作物营养含量丰富，很适合农产品在本地加工生成特色产品打造特色品牌。坡地多，坡度大不存水，导致土壤结构贫瘠，平地少，有些土地不适合规模化、机械化、集约式生产，分散经营依然占据大多数，种植物品类杂，品质参差不齐。三是特色产品不多。葫芦岛从事农业生产还是以传统农作物为主，种植经济作物不多，设施农业和蔬果成规模的还较少，养殖多数呈分散状态没有形成集中连片规模化生产，缺少地方特色。

2. 社会条件

社会条件即社会环境就是人与自然环境相处的空间内人为因素影响的基本状况。农产品的精深加工靠的是人为对农品使用现代化手段、使用现代化设施和生产工具经过若干生产环节生产出精制产品来。针对葫芦岛本地现实情况来讲，还有些条件不足。一是人才资源匮乏。社会中人的因素是参与整个社会生产生活和各种其他活动的主要对象，对社会的发展和进步起着关键和决定性的作用，人才就是生产力，人才的主观能动性是可塑性的。葫芦岛农村百姓文化程度比较低，年轻力壮的劳动力基本去外地务工，常年留在本地从事农业生产的多数为老年人和妇女，生产活动没有科技含量，本地基本留不住具有某方面特长的人才，更吸引不来外地人才。二是政策倾斜不够。政策是农民生产活动的有力保障，充分利用好的政策能够使合法合规的社会生产生活走向便捷正确的道路，甚至有时能达到捷足先登。葫芦岛的农民思想闭塞，对国家富农兴农的政策了解得少，甚至有些国家给的优惠政策不会运用，对政策不能用好用足。三是农村设施落后，在现代化生产中，特别是农产品精深加工设备都是高科技现代化设备，价钱昂贵，农民自己购买负担重，企业大户购买又增加加工成本。四是创业资金缺乏。资金是从事农业规模化、现代化生产的血脉。及时输血改善生态系统环境并能造血是保证，葫芦岛的农业农村资金利用有限，外出务工的农民手中的储蓄多是用来娶媳妇和盖房子，很少有用于搞农业生产，普通农户想办理贷款较难，个别生产大户如若使用信用贷款，审批手续和申请环节也不太顺畅，筹集创业资金越来越难。五是农业产业链传统单一化。葫芦岛地区的种植业、养殖业品类还是传统单一型比重大。粗放型、原始型产品本地使用量大，异地销售不普遍，量不大。缺乏现代化经营手段，多数手工作业，产品外形还不理想，存在销售难的问题。农产品附加值低，投入产出不成正比，农民收入低导至农民土地出现一些弃管现象。农产品精深加工企业少，农业发展势头比较慢，龙头企业少，所以，农产品精深加工企业少。

3. 科技水平

农民创新意识差，科技渗透力不足。没有充分结合本地区实际情况利用现代化手段对产品进行加工，精细深加工更是少之又少，农业现代化程度不高。传统农业生产方式落后，还依然占比较高，缺乏科技渗透，影响农产品现代化精深加工水平。

一是传统思想根深蒂固。农村百姓以勤劳肯干闻名,思想单纯,祖祖辈辈靠农业劳动为生,从不投机取巧,常年累月生活生产方式都是周而复始也就形成了传统固化的思想,不能变通,不机动、不灵活,对引入先进科学的方法不认同。二是接受新思想能力不足。农民综合素质普遍不高,对于电视、广播、网络、书报、科普宣传等信息了解较少,对于新思想的接受程度较低,进而也就形成了不求新、不求变的守旧思想。三是科学意识淡薄不强。葫芦岛的农村百姓从古至今主要从事传统意义上的种植粮食作物(玉米为主),并且一直以传统经验为主,科学意识不强,春播秋收,收后就出售。四是科学文化水平不高。当前从事农业生产的多数都是老年人和妇女,这部分人的文化水平较低,对农业农村现代化的认知不足,更别提对自己种植养殖的产品进行加工了。

4. 协作能力

家庭联产承包责任制曾一度激发劳动者生产积极性,随着第二三产业的发展,农业在第三产业中逐渐失去了比较优势,农民在家务农的收入不如出去打工的收入又快又多。所以,轻视了农产品的收入带来价值。产业协作、人员协作、科技协作、产品加工协作有待提高。一是缺少龙头企业带动,葫芦岛市市级龙头企业一共有35家,其中,建昌县有9家,但未能形成龙头企业的规模效应。二是农村合作经济组织不够成熟,合作社组织的数量还不够多,是农民自发成立的,从事生产和经营的组织形式,有些地方的农民专业合作经济组织产权模糊,管理混乱。三是行业交流比较少,同一行业的同一种产品的生产者之间交流不多,不能达到优势互补或者互相学习交流经验,生产者之间很少有技术支持。四是政府引导不到位,政府缺少对同一行业间联系和创造集中学习培训机会,不能完全整合同一区域内资源。

二、葫芦岛农产品精深加工能力不足和质量水平不高的原因分析

1. 农民认识不强

固守陈规,传统惯性大,对产品性能不求改变,对高质量标准认识差。从事农业劳动生产的人都是妇女和老人,年龄普遍偏大,没有受过高等教育,对新生事物认知比较慢,不能完全与时代发展形势对接,对农产品的使用功能还依然停留在20世纪末的水平,在产品上不求质量精,只求数量大。玉米、大豆、高粱、谷子等主要农产品收割脱粒后就出售,很少农民能认识到把这些原料进行精深加工再出售可以获得更多的收益。葫芦岛市中药材种植面积约近3万亩,但大多都是未经深加工就出售的原生药材,无形当中损失了净利润。归根到底是农民认识没有上升到时代的标准要求。以前培训有效性不强,很多农民认识不到技能培训的重要性,缺乏培训的主动性和积极性。

2. 农产品质量不高

原料不足,加工成本高,产品单一化互补性差,高质量产品少。对于部分加工企业来讲,量产还很不够,作为杂粮加工企业的原料谷子、高粱供应不足,豆制品加工的大豆本地也很紧缺,核桃油加工厂需要的薄皮核桃产量也供不应求,较难形成精深加工企业,较少有农产品的高质量再加工产品本地化。

3. 物流系统不优

流通速度不快,资源更新慢,产品供应链难以持续,深加工环节易断供。例如,过去建昌要路沟乡的水煮干豆腐在辽西享有盛名,但交通不便,物流不发达,生产出来的干豆腐不能远销,所以产量一直上不去,只能小范围销售,几乎是自产自销。随着现代人民生活节奏的不断加快,对产品的需求也更高,流通不快

直接制约了生产品类和部分产品的数量。产品供应链因交通难以持续,易造成深加工产品时而断调,不能充分满足市场需要。

4. 加工企业不多

交通不畅,地域边缘化,距发达城区比较远,大型龙头企业缺乏。葫芦岛的农产品多数集中在山区农村,位置相较城市比较偏远,加工企业投资生产费用比较高,建设成本自然更高,生产加工的企业多数是粗加工和初加工,企业规模很小且分散,不易形成龙头企业,产能相对较小,不能带动高质量生产发展。

5. 科技人才不足

人才外流,缺乏科技带头人引领,有加工也不深不精。葫芦岛属于年轻城市,经济社会发展起步较晚,吸引外来人才能力不足,本地生源在外地攻读的大学生毕业后很少回到故乡创业,人才严重顺差。人才是第一生产力,没有高科技人才做支撑,就没有现代化生产,农产品精深加工企业也就无从谈起。

6. 营商环境不良

生态环境不美,政策倾斜少,营商环境给力不充足,加工企业不愿入驻。人人是营商环境、处处是营商环境,人是营商环境的动的因素,其他方面是营商环境静的因素,哪方面都不能忽略。自然生态、环境、政策、社会治安和政治生态都是影响投资商投资的因素。因此,营商环境不良会削弱加工企业的拓展和对外影响力。

三、提高葫芦岛农产品精深加工能力水平的对策建议

1. 提高农民认识

提高农民认识,增强农民致富带头人培训范围和力度。开展好农民技能培训,提升培训的针对性和有效性。

(1) 加强宣传

加强宣传，转变农民群众思想认识。在培训活动前加强宣传，如通过电视、宣传册、发送手机短信、走村入户等多种渠道使广大农民转变观念，认识到技能培训的重要性，调高对技能培训的需求，变被动为主动，提升培训的有效性。

(2) 开展调研

开展调研，倡导精准化培训。很对地方农民技能培训的内容都千篇一律，没有根据当地实际情况，不符合当地农民实际需求，导致培训的针对性不足。在培训前进行调研，结合当地产业发展需求，由村干部辅助，调研当地农民对农业技能的精准需求，然后汇总整理，量身定制培训课程。

(3) 创新培训模式

创新培训模式，提高培训质量。农民有其自身的特点，如空闲时间不固定，理论吸收难度大，培训收效慢等，但是很多技能培训都是短时培训，且采用理论授课的方式，导致理论与实践脱节，农民难以有效吸收培训内容。因此，一方面，创新培训时间，如适当延长培训期数，帮助农民巩固培训知识；提供全日制、半日制、周末制等培训方式供农民选择。另一方面，创新培训方式，如注重实践操作，采用田间课堂的授课方式增加与农民的互动，帮助他们掌握技能；理论知识讲解方面语言要通俗易懂，符合农民语言习惯等。尽最大努力，提升培训的有效性。

(4) 建立考核激励机制

建立考核激励机制，提升培训效果。农民群众在培训中经常存在约束力不强的问题，为提升他们掌握技能的主动性，可以采取一些激励措施，如在培训课后测验、培训结业考试中成绩优异者，可以获取一定的奖励，以提升他们参与的积极性。

2. 整合土地资源

整合土地资源，优化产业结构。整合土地资源是培育农村发展新动能、推进农业农村现代化、创新农业经营方式，吸引各类人才下乡创业的一项重要举措，是乡村振兴的一项重要抓手。

（1）出台指导性文件

相关部门出台指导性文件。对各村镇有意愿进行土地整合的村民进行登记，采取县、乡、村三级配合的举措，鼓励村民通过"互换并地""结对并地"等方式，实现"一户一田"。对于整合好的土地，以法律的形式进行确认。在土地确权的基础上"三权分置"，让农民土地发挥效益最大化，进行土地流转。

（2）加强农田基本建设

整合后的土地要加强农田基本建设。结合国家提出的高标准农田建设任务，进一步加强农田水利基本建设。完善农村基础设施工程，以适应现代农业发展的需要。扩大交流合作，增强互惠互利农产品互通有无全局观，增强现代化经营模式保证农产品供给。

（3）进行土地资源整合试点

整合农村土地资源在乡镇进行试点。遵循国家土地政策整合土地资源，在不改变土地用途、不改变农民拥有土地数量，将土地整合在一起。建议在某个区县乡镇先行试点，取得成功经验后再行推广。建议就整合土地资源这一问题展开论证，以先行先试的勇气和精神推进这项工作，为乡村全面振兴创造条件。

（4）统筹推动农产品精深加工与初加工等上下游产业有效衔接和融合

统筹推动农产品精深加工与初加工、综合利用加工协调发展，与专用原料生产、仓储物流（含冷链物流）、市场消费等上下游产业有机衔接，与营养健康、休闲旅游、教育文化、健康养生和电子商务等农村产业有机结合、深度融合。定期监测分析大宗农产品精深加工和综合利用产能布局,引导过剩产能化解转移和短缺产能加快建设,优化产业链布局。提升玉米加工特别是葫芦岛地区玉米加工产品附加值,加快发展秸秆、玉米芯等综合加工利用。引导水稻、小麦等口粮适度加工,减少因过度加工造成的资源浪费和营养流失。加大果品、蔬菜、茶叶、菌类、中药材、畜产品和水产品等营养功能成分提取开发力度,以满足需求为导向,不断增加营养均衡、养生保健、食药同源的加工食品和质优价廉、物美实用的非食用加工产品的市场供应。探索多主体参与、多层次联动的农产品和加工产品市场化收购制度,建立健全农产品市场化收购调运、仓储物流和应急供应体系。

3. 发展物流企业

发展物流企业,增强农产品互通和配套设施的使用率。

(1) 推动现代物流业转型升级

物流是物质资料从供应者到需求者的物理运动,是运输、保管、包装、装卸、流通加工、配送以及信息等多项基本活动的统一整体。在经济全球化和电子商务的双重推动下,物流业正在从传统物流向现代物流迅速转型并成为当前物流业发展的必然趋势。现代物流业作为国民经济基础产业,融合了道路运输业、仓储业和信息业等多个产业,涉及领域广,吸纳就业人数多,现代物流业的发展可以推动产业结构调整升级,其发展程度成为衡量综合国力的重要标志之一。

(2) 发挥物流在经济中的重要作用

在系统工程思想的指导下,以信息技术为核心,强化资源整合和物流全过程优化是现代物流的最本质特征。域外发达地区物流行业,在高新技术支持下已经成为国民经济支柱产业,是提高经济效益、产业升级、企业重组的关键因素,也成为社会经济的基础部分。物流行业作为一个系统化的整体正在极大地改变着目前的商务模式和生产模式,也越来越凸显出其在经济发展中的重要作用和不可或缺的战略地位，具有普遍影响力。

（3）抓住机遇

从发达国家的物流发展现状看，物流业已进入较为成熟的阶段。针对本市物流行业，整体表现在总额逐渐增加、成本逐渐降低、效率不断提高等几个方面。同时，近年来随着"一带一路"相关政策的稳步推进，国家计划建设一批与"一带一路"周边国家互联互通、顺畅衔接的外向型物流枢纽基地，提高进出口货物的集散能力；通过"一带一路"战略的实施，向周边国家境内发展，形成内外相通的基础设施网络和联通国际国内的物流大通道，增强物流对"一带一路"等重大倡议实施的支撑作用；国内各区域也将国际产能合作与"一带一路"倡议同步推进，利用好现有合作机制和亚投行"丝路基金"等投融资平台，深入参与周边的经济口岸建设，推进大项目互信合作，实现共同发展。现代物流业属于生产性服务业，是国家重点鼓励发展行业。

（4）提升物流运行质量

物流行业规模与经济增长速度具有直接关系，近十几年的物流行业快速发展主要得益于国内经济的增长，但是与发达国家物流发展水平相比，我国物流业尚处于发展期向成熟期过渡的阶段。一方面，物流企业资产重组和资源整合步伐进一步加快，形成了一批所有制多元化、服务网络化和管理现代化的物流企业；一方面，物流市场结构不断优化，以"互联网+"带动的物流新业态增长较快；另一方面，社会物流总费用与GDP的比率逐渐下降，物流产业转型升级态势明显，物流运行质量和效率有所提升。物流产业的发展使农产品加工产业链更加活跃起来成为必然。

4. 培育精深加工企业

加快布局调整，积极培育和壮大精深加工企业，把培育精深加工企业作为一项重要措施，孵化培育新的精深加工企业。

(1) 提升产品效率

农产品精深加工产能要向粮食生产功能区、重要农产品生产保护区、特色农产品优势区、现代农业示范区和现代农业产业园布局，推动农产品就地就近转化增值；要向大中城市郊区、加工园区、产业集聚区和物流节点发展，实现节能减排和节本降耗，提高精深加工产品市场竞争力。

(2) 拓宽发展模式

依托现有加工园区、物流园区、产业集聚区，建设一批产业发展规模大、科技创新能力强、精深加工程度深、示范带动机制好、政策保障环境优的全国农产品精深加工示范基地，遴选推介一批农产品精深加工发展典型企业和综合利用典型模式，引导其对接国际市场，打造国际化品牌，形成国家竞争力。要通过PPP等方式，撬动更多社会资本加大加工园区、聚集区基础设施和公共服务体系建设的投资力度。依托大数据、云计算等信息化手段，加快形成品种专用、生产定制、产销对路的精深加工引领生产发展的新模式。

(3) 加强技术改造

支持加工企业加快技术改造、装备升级和模式创新，向产业链中高端延伸，向研发设计和品牌营销这两端延伸，不断提升企业加工转化增值能力，实现新兴加工业"腾笼换鸟"、传统加工业"凤凰涅槃"，促进加工企业由小到大、加工层次由粗（初）到精（深）、加工业态由少到多、加工布局由散到聚。引导加工企业依靠科学技术，牢固树立质量、诚信、品牌发展理念，建设全程质量控制、清洁生产和可追溯体系，生产开发安全优质、营养健康、绿色生态的各类食品及加工品，促进资源循环高值梯次利用。

(4) 优化企业发展

支持龙头企业采取兼并重组、股份合作、资产转让等形式，建立大型企业集团或利益联结机制，带动中小微企业发展，提升企业引领行业发展能力。鼓励一批在经济规模、科技含量和社会影响力方面具有引领优势的加工企业突出主业，适度延伸产业链条，增强核心竞争能力和辐射带动能力，形成一批领军企业和平台型企业。支持企业牵头成立科技创新联盟，推动"产学研推用"一体化发展。引导企业弘扬精益求精、追求卓越、争创一流的"工匠"精神。引导加工企业与农民合作社和农民构建紧密的利益联结机制，着力扶持一批农村一二三产业融合发展利益共同体，让农民更多地分享精深加工带来的增值收益，促进就地、就近就业增收。

5. 加强人才培养

培养科技人才，增强人才队伍建设就是生产力在实际中提升的体现。

（1）重视人才培养

各级各有关部门要重视科技工作和人才队伍建设，为广大科技工作者提供具有竞争力和吸引力的环境条件，进一步在全社会营造崇尚科学、崇尚创新，尊重知识、尊重人才的良好氛围。要切实做好年轻科技人才的"传帮带"，大力培养年轻科技人才的创新意识和创新能力，切实培养造就一批具有更高水平的战略科技人才、科技领军人才、创新团队。要牢固树立创新发展理念，始终围绕中心、服务大局，发挥专业特长，为党委、政府科学决策提供智力支持，为乡村振兴、创卫创文提供科技支撑，为实现高质量发展、打造沿海经济带上的特色精品城市、把葫芦岛建设得更加美丽做出新贡献。

（2）组织人才培训

组织实施好全市农产品加工业人才培训行动。农产品加工学科群重点实验室、技术集成科研基地、技术体系加工岗位科学家所在实验室等科技创新基地，应建立企业人员参与研究的相关机制（如设立流动岗位等），建立吸引企业研发人员到实验室开展联合攻关、开展新技术、新产品研发等工作；建立健全科研人员校企、院企共建双聘机制，引导科研人员到企业挂职或兼职，将与企业开展合作、解决企业实际问题等指标纳入科研项目申报的前提条件。国家重点研发计划等科研项目立项、评估、考核、验收等环节，适当增加企业人员比例，把解决企业现实问题纳入考核指标。以科技创新与推广、经营管理、企业家和职业技能人才为重点开展专题培训。推动国家农产品加工技术研发体系、农产品加工科技创新联盟和农产品加工科技成果转化服务平台建设。逐步建立涉农专业毕业生到农业企业、合作社等新型经营主体实习的培养制度，缓解毕业生实践能力不足和企业用工难等问题。

（3）提升技术装备水平

实施科技创新驱动战略，加快建设一批农产品精深加工装备研发机构和生产创制企业，推动高等学校设立农产品加工装备相关专业，提升我市农产品精深加工技术装备研发能力。深入实施农产品精深加工提升行动，加大生物、工程、环保、信息等技术集成应用力度，加快新型非热加工、新型杀菌、高效分离、节能干燥、清洁生产等技术升级，开展精深加工技术和信息化、智能化、工程化装备研发，攻克一批农产品精深加工关键共性技术难题，取得一批行业急需的科技创新成果，提高关键装备国产化水平。

（4）拓展研发领域

采取先进的提取、分离与制备技术，加快推进秸秆、稻壳米糠、麦麸、油料饼粕、果蔬皮渣、畜禽皮毛骨血、水产品皮骨内脏等副产物综合利用，开发新能源、新材料、新产品等。建立精深加工和综合利用加工技术装备目录，支持和鼓励企业和单位攻破关键核心技术。

6. 用好政策优势

用好政策优势，用足政策，用情服务，营造良好的营商环境，增强农产品精深加工能力水平高效性。

(1) 抓住难得机遇

如何用足用好重大国家战略、抓住政策叠加的难得机遇，打造形成新的发展优势，需要我们深入分析，发挥比较优势。让更多知名企业和客商认识葫芦岛、了解葫芦岛、投资葫芦岛。面对新经济、新常态、新机遇，必然要求树立新理念，以新思路、新举措、新突破，展现新作为。葫芦岛如何发挥区域优势，提升发展水平，如何在新机遇面前，勇于作为、善于作为，让这片沃土更加焕发生机，尤其是农产品精深加能力水平有待提高。当前，五大战略叠加的历史性机遇为我们带来前所未有的优势。特别是京津冀协同发展、滨海新区开发开放、自贸区建设、国家自主创新示范区建设和"一带一路"建设等的实施，为葫芦岛经济社会发展提供了难得的发展机遇和有利条件。葫芦岛作为承接京津冀协同发展区的龙首，如何用足用好重大国家战略、抓住政策叠加的难得机遇，打造形成新的发展优势，需要我们深入分析，发挥比较优势。比较优势是我们抓住机遇、用好机遇的关键因素。有着丰富的可供开发的土地资源，这都为葫芦岛带来了巨大的发展空间和潜力。面对大势，可顺不可逆；面对机遇，可用不可废。经济发展进入新常态，正是这样的大势和机遇。我们一定要用足用好用活中央和地方的各项政策，挖掘潜力，乘势而上，立足葫芦岛发展定位和交通、土地、沿河、工业老厂房等比较优势，全力打好"土地整理出让、招商引资、市容环境综合整治、改善民计民生"四个攻坚战。招商引资是区域经济发展的生命线和推动力，必须举全市之力招大商招强商。要加大招商引资引项目引税力度，坚持以质量和效益为中心，把引项目与引税源结合起来，特别是要引进能给葫芦岛带来长远效益的优质企业和项目。要加大对重点企业和项目服务的力度，切实帮助企业办实事、解难题，完善经贸洽谈、项目跟进、服务保障等机制，以满腔热情打动客商，以一片真诚感动客商，以优质服务回报企业，实现招商引资新的更大的突破。机遇叠加，千载难逢。机遇宝贵，稍纵即逝。我们必须树信心、集智慧、敢担当、有作为，发挥优势，用好机遇，用足政策，用情服务，开创发展新局面。

(2) 加大财政支持力度

鼓励地方加强对相关资金统筹整合力度，围绕农产品产后商品化处理、初加工、精深加工、综合利用加工等关键环节，以及农村一二三产业融合发展需要，加快提升精深加工产能，将农产品及其加工副产物收集再利用、节能环保等设施设备纳入支持范围。国家重点研发计划、技术创新引导专项等科研项目，适当扩大农产品精深加工技术装备科研工作的支持力度，建立数字化加工车间，推动互联网、大数据、人工智能和农产品精深加工深度融合。鼓励各地综合运用贴息、奖补等政策，按规定统筹相关资金支持精深加工企业发展。逐步将农业企业、合作社等新型经营主体纳入培训机构范围，依托其开展农业技术、经营管理等培训，既满足培训学员的实际操作需求，也能补贴新型经营主体，拓宽其经营范围。落实农产品加工企业可以凭收购发票按规定抵扣增值税政策。

(3) 强化金融服务

鼓励金融机构综合考虑自身发展战略、企业状况和市场定位等因素，加大对重点精深加工企业、综合利用加工短缺产能和重要特色农产品原料收购的信贷支持力度，合理提高授信额度，允许符合条件的企业流动资金贷款周转使用，满足企业对差异化金融服务的有效需求。不断创新产品和服务，加大对农业产业化龙头企业的信贷支持，引导担保机构在企业贷款、发行债券等进行担保增信，建立多层次风险缓释措施和风险分担机制。建立偿还意外风险保障制度，拓宽精深加工企业融资渠道。支持符合条件的农产品精深加工企业申请发行农村产业融合发展专项债券，申请上市、新三板等挂牌融资。

(4) 落实用地政策

各级农业农村部门要按照《国务院办公厅关于进一步促进农产品加工业发展的意见》要求，发挥牵头作用，履行规划、指导、管理、服务等职能，督促各项政策措施落实。有关部门要各司其职，密切配合，形成合力。各地要将加工产值与其农业产值的比值纳入经济社会发展绩效考核指标体系，支持科研院所、高等院校、现代农业产业技术体系、农业各类产业联盟、行业组织加强科普宣传，引导广大消费者科学消费、健康消费，共同推动农产品精深加工发展，为实施乡村振兴战略、促进农业农村现代化提供强有力的支撑。各地应细化用地用途分类，增加农产品精深加工、综合利用加工和仓储流通设施用地规划空间。对农产品精深加工、综合利用加工和仓储流通设施建设用地，在年度新增建设用地计划指标安排上予以倾斜支持。优先考虑现代农业示范区、现代农业产业园、农产品精深加工示范基地、加工园区、产业集聚区建设用地，引导加工企业入驻加工园区、产业集聚区集中发展。支持农村集体经济组织依法办理审批手续后，以集体建设用地使用权入股、联营等形式与其他单位、个人共同兴办农产品精深加工企业。支持精深加工企业将企业总部和加工产能向县城和中心镇转移。城乡建设用地增减挂钩节余的用地指标要重点支持农产品精深加工发展。市、县农业农村和自然资源等部门应加强在农产品精深加工、综合利用加工用地落实方面的沟通协作，切实做好用地保障。

目前，第一个百年奋斗目标已经实现，正在意气风发向着第二个百年奋斗目标迈进。"十四五"规划目标制定已经完成，新征程开局起步，葫芦岛经济正处于发挥后发优势阶段，需要寻求经济发展新的增长点。近年来，葫芦岛市农产品精深加工发展迅速。例如，兴城的花生加工企业、建昌的核桃油加工企业、建昌的养马甸子乡香菇加工企业、连山新台门和建昌要路沟杂粮加工企业，有效推动了农产品加工转化增值，但总体上由于发展时间短，创新发展能力不足，政策扶持不到位，工作机制不完善，产业链条短，上下游环节不匹配，增值空间有限，迫切需要提高政策的指向性、精准性和可操作性，促进农产品精深加工增品种、提质量、创品牌，加快转型升级发展，提高质量效益和竞争力。

四、典型案例

以兴城市红崖子镇北山村朱国林加工厂为例，花生筛选白果的一套流水线生产需要的设施设备及费用明细情况，可供其他新建加工厂借鉴。

1. 机器筛选过程

秋季收获的花生毛料经人工集中运输到工厂后，第1个提升机将花生倒入土笼子里（进行去土即筛土面子）。去土后将花生送入去石机里，再将其送到切系巴机里。经过第2个提升机输送到白化筛选，饱满度好的成果留下，同时那些瘪果、小果用风机将其吹走，变成下脚料可以打出花生米。第3个提升机把白化出来的大果、成果双滚笼分为大角、小角。第4个提升机到第二道滚笼分级，10号筛上是大果，9号筛下是珍珠果，中间好的成品果上第5个提升机到贮藏仓通过平送到第6个提升机进入色选机，色选完的精品果通过平送到刨光筛去杂提升到电子称，自动定包、封口，成品堆放整齐入库。一套花生筛选白果的生产线生产过程结束。

筛选出的废料经过第8个提升机平送到贮藏仓，二次筛选成二白果，二白果筛选下来的废料通过风机传送到贮藏仓，传送机送到打米机器。打的米经过第9个提升机到贮藏仓，放米定包成为卖榨油米。

2. 配套机器费用明细

按照工作顺序将所需配套机器费用详见表1。

表1 花生筛选生产线费用明细表

品名	规格及费用	备注
第1个提升机	6米（高）×700元/米=4 200元	
土笼子	2万元	
去石机	8 000元	
切系把机	2万元	
第2个提升机	4米（高）×700元/米=2 800元	
白化筛	4万元	
第3个提升机	6米（高）×700元/米=4 200元	
双滚笼	7米（长），4万元	
平送	7米×800元/米=5 600元	
风送机	3 000元	
第1个贮藏仓	1万元	
第4个提升机	6米（高）×700元/米=4 200元	
双滚笼	4万元	
第5个提升机	6米（高）×700元/米=4 200元	
第2个贮藏仓	1万元	
平送	7米×800元/米=5 600元	
第6个提升机	6米（高）×700元/米=4 200元	
第7个提升机（2套）	6米（高）×700元/米=4 200元	
色选机	17万元	
平送	4米×700元/米=2 800元×3个=8400元	刨光机=滚笼
第8个提升机	6米（高）×700元/米=4 200元	
成品电子称	4.5万元	
第9个提升机	6米（高）×700元/米=4 200元	处理下脚料所需机器
平送	4米×800元/米=3 200元	

(续表)

品名	规格及费用	备注
第3个贮藏仓	约1万元	
风机	3 000元	
传送带	12米×750元=9 000元 8米×750元=6 000元 8米×750元=6 000元	
打米机器	1.8万元	
配套筛子	3 000元（3套）	
第10个提升机	6米×700元/米=4 200元	
第4个贮藏仓	1万元	
空压机	4.5万元	
电动三轮车（1辆）	6 000元	
手推车（5个）	1 000元	
大地磅1台	8万元	
运输车辆	2台，15万元	
三项电线、配电箱	2万元	

3. 厂房

占地面积：500~600平方米，加工厂平面图略。

4. 机器设备费用

将机器费用列表分析，详见表3。

表3 机器设备费用明细表

项目	费用（元）	备注
第1个提升机	4 200	
去石机	8 000	
切系把机	20 000	
白化筛	40 000	

(续表)

项目	费用（元）	备注
土笼子	20 000	
风送	3 000	
第2个提升机	2 800	
第1个贮藏仓	10 000	
第3个提升机	4 200	
第2个贮藏仓	10 000	
双滚笼	20 000	
色选机	170 000	
平送	5 600	
电子称	4 500	
第4个提升机	4 200	
第3个贮藏笼	10 000	
双滚笼	20 000	
风机	3 000	
第5个提升机	4 200	
传送带	21 000	3条传递带
平送	5 600	
打米机器	18 000	
第6个提升机	4 200	
第4个贮藏仓	10 000	
第7个提升机	4 200	
空压机	45 000	
平送	2 800	
电动三轮车	6 000	
第8个提升机	4 200	
5个手推车	1 000	
第9个提升机	4 200	

(续表)

项目	费用（元）	备注
大地称	80 000	
平送	2 800	
运输车辆2台	15万	
第10个提升机	4 200	
三项电线配电箱	20 000	
安装费	20 000	
变压器200KV	150 000	
厂房建设费用	350 000	
总计	1 307 400	

第四节　葫芦岛市一二三产业融合发展

一、一二三产业融合发展的意义

农村一二三产业融合发展，是经济发展新常态下，基于产业发展规律，符合我国的"三农"实际，农业产业融合重点在于产业链的延伸与拓展。推进一二三产业融合发展，是发展创新型经济、实现供给侧结构性改革、促进农业发展方式转变的内在要求。农村产业融合发展旨在将第二产业、第三产业与第一产业协同发展，是促进我国农业农村现代化发展的有利途径，能够解决葫芦岛市农业经济发展不平衡不充分的矛盾。它的解决方式是在农村一二三产业分工基础上的交叉融合、是农业上、下游产业在横向一体化基础上的产业融合、是农业关联产业在专业化和规模化基础上的区域集聚。

当前，葫芦岛市农业农村发展正处在转型升级的关键时期，面临着动力转化、方式转变、结构优化、效益提升的艰巨任务，加快构建现代乡村产业体系,对于深入实施乡村振兴战略,激发农业农村内生动力,不断提高全市农业综合效益和竞争力,具有十分重要的意义。近年来,葫芦岛市采取了一系列措施,统筹推进农村一二三产业融合发展。

二、葫芦岛第一产业与二三产业融合发展情况——以葫芦岛连山区为例

1. 发展现状

(1) 产业现状

全区农作物播种面积39万亩。其中:粮食作物29.36万亩(其中玉米25.3万亩、其他谷物2.59万亩、豆类0.07万亩、薯类1.4万亩);油料作物(花生)5.91万亩;蔬菜3.13万亩,产量7.95万吨(其中,设施农业播种面积0.84万亩,产量4.53万吨)。其他作物0.6万亩(主要是中草药、甜瓜等经济作物)。

连山区东部乡镇以种植暖棚设施蔬菜、水果居多;中部乡镇种植花生、中草药等经济作物;西部乡镇以搞设施冷棚蔬菜种植以及杂粮种植为特色。全区现有特色农产品为:寺儿堡"开心"樱桃、沙河营"精密"香瓜、沙河营乡"锦红秋"李子、塔山乡盘道沟"晚蜜"桃、杨郊乡"锦丰"梨、西老爷庙"鼎硕"苹果。连山区加大"三品一标"认证工作的支持力度。其中:沙河营乡原滋味果蔬种植合作社的"马道香"瓜、邢家屯久丰种植合作社的"邢屯"韭菜、新台门镇汉沟村立国葡萄合作社的"立国"葡萄,已完成无公害农产品认证。现有绿色食品2家、无公害农产品13家。此外,沙河营乡"锦红秋"李子、杨郊乡"锦丰"梨、塔山乡"盘道沟晚"蜜桃获得国家地理标识。

①省级龙头企业状况。全区共有省级重点农业产业化龙头企业2家,分别是葫芦岛市富龙油脂有限公司、葫芦岛市盛大物业有限公司。

②市级龙头企业状况。全区共有市级重点农业产业化龙头企业6家。分别是葫芦岛市大自然有限公司、葫芦岛市万泉河生态农业开发有限公司、葫芦岛市华盈粮储有限公司、大成农技（葫芦岛）有限公司、葫芦岛市天天食业有限公司、葫芦岛市蓝鑫科技有限公司。

③农业产业化项目。寺儿堡镇的大北农农牧食品有限公司、沙河营乡兴宫集团农副产品批发市场、钢屯镇的五味子种植及初加工基地、塔山乡碧岚欢乐农场、寺儿堡镇大山果业。

④农产品产地初加工补助项目。2017年连山区申请了农产品产地初加工补助项目，建100吨组装式冷藏库26座、500吨组装式冷藏库1座，用于蔬菜、水果、马铃薯、甘薯的贮藏，从源头上延长农品的保鲜时间，提高产品经济效益。2018年继续申请农产品产地初加工补助项目，做好农产品的源头产业链工作，加大农产品附加值。

⑤农产品加工示范集聚区。区政府拟规划以葫芦岛东出口为中心，起步区建设面积5平方千米连山区农产品加工示范集聚区。园区位于京沈高速公路、沈秦高速铁路的交叉出口处，交通便利。

全区现有休闲农业景点15处。山神庙乡凉水井子村灵山风景区，是国家AAAA级景区；寺儿堡镇的"开心大樱桃"百亩采摘园；寺儿堡镇富都生态观光园；锦郊街道二台子村卧龙山采摘园占地500亩，各类果树2.2万株，20多个品种；锦郊街道地藏寺村草莓采摘园占地400余亩；锦郊街道"连山团北花千谷"千亩农业生态观光园区；塔山乡盘道沟晚蜜桃采摘园；塔山乡九星合作社温室葡萄、大樱桃采摘园；塔山乡三义庙畅达蔬菜采摘园；塔山乡万泉河农业有限公司采摘园，总占地面积500亩；塔山乡蓝鑫农业科技有限公司蓝莓、大樱桃采摘园；杨郊乡鼎硕果业专业合作社万亩果园；杨郊乡日晟休闲农业；新台门镇香炉山村"葫芦岛蟠桃山生态养生度假庄园"；新台门镇汉沟村立国葡萄采摘园。

(2) 产业融合发展效应

一是解决劳动力就业。盛大牧业省级龙头企业、蓝鑫科技市级龙头企业、寺儿堡樱桃采摘园以及蔬菜种植合作社都极大的解决了当地劳动力就业问题，农民不用出去打工，还能把自家的承包地经营好。

二是带动农民增收。寺儿堡大北农、大山果业、钢屯镇的五味子种植，都是通过流转农民手中的承包地搞规模经营，雇用当地的农民为其种植、经营等。农民一方面收取了土地流转费用，另一方面还挣到一份工钱，实实在在地增加了农民收入。

三是解决农产品销售难题。华盈粮储有限公司，是市级龙头企业，也是我区一家规模较大的杂粮加工企业。该企业通过在当地推广高粱、谷子杂粮新品种，并免费为当地农民发放种子，然后秋季回收杂粮，回收的价格每吨比市场价高出 50~100 元，形成了当地的订单农业。一方面解决了农民"卖"粮难问题，另一方面也解决了该企业收购原材料运费高的问题，同时延长了农产品的产业链。

2. 面临困难

(1) 土地资源少

连山区耕地面积相对于其他县区而言较少，农作物种植一般不具有较大规模，生产出的农产品不具有较强市场优势，单一品种几乎很难占领市场。

(2) 资金难题

农产品加工企业在发展过程中融资难，贷款业务手续复杂，审核过程时间较长，资金链易造成断裂，这也是近年来农产品加工业发展速度放缓的一个原因。

(3) 缺乏精品路线

休闲、观光、采摘精品旅游路线一直没有打造出来，而且也都是单打独斗,不具有集成为一体的精品休闲地点。目前具有AAAA级景区也仅是凉水井村的灵山寺一处,休闲农庄不具规模更没有推出生态、自然的感觉与味道。农家乐也仅仅停留在"小吃部"的水准上,真正的环境优美、具有特色、景色宜人的餐饮、住宿还没有推出来。

(4) 信息服务平台利用不足

现代益农信息服务平台,虽然做到全区全覆盖,但是利用率低效果不佳,多数农民对网络知识掌握较少,不懂平台上的操作与应用,对服务平台的认识水平还有待提高。

3. 实施对策

(1) 打造精品农业,推出特色品牌

建立农产品可追溯,提高农产品的品质。改造传统农业,发展科技化、集约化的绿色高效农业、生态农业、精准农业。达到产品一出便能占领市场。

(2) 为解决资金难题,政府应出面做好协调工作

要加大力度多方面为企业发展提供较好的融资环境,解决企业发展中遇到的资金难题,重点是解决贷款难题。同时,加大招商引资力度,引进适合我区农业发展的项目,更要为企业发展提供较好的营商环境。

(3) 企业和政府推动发展特色旅游服务

鼓励企业并为其量身打造、设计出集民观光、休闲、旅游、养生度假于一体的精品休闲农业。以及定期开展具有民俗文化创意的活动,这样能带动加工业尤其是传统手工艺业的发展。政府继续搞好和推介我区的"一村一品""一乡一业"和特色村镇。

(4) 继续做好农产品产地初加工补助项目

为农产品生产、加工、销售提供较好的贮藏设施,加大农产品产业链延伸,为促进我区一二三产业融合发展提供有利条件。

（5）充分利用互联网做好电商销售工作

以中联网上农业平台建设和益农信息社为抓手，宣传我区特色农产品，整合农产品资源，提高农产品知名度。同时做好电子商务培训工作，让老百姓积极参与到现有电商平台销售中来。

坚持农业农村优先发展，按照产业兴旺、生态宜居、乡风文明、治理有效、生态富裕的总要求，建立健全城乡融合发展体制机制和政策体系，加快推进葫芦岛市农业农村现代化建设。

第二章 葫芦岛市农村概述

第一节 葫芦岛市农村发展概况

葫芦岛市气候属大陆性季风气候，冬寒夏暑，雨热同期。全市年平均气温为9.6℃，1月气温最低，7月气温最高，各地年平均气温自沿海向内陆逐渐递减。全市平均年日照时数为2 630.6小时，无霜期为180.5天。葫芦岛市地形地貌复杂多样，气温、降水分布不均、差异较大。

葫芦岛市所辖的农村具有特定的自然景观和社会经济条件，基本是"七山二水一分田"，村民居住比较分散，自然屯散落，人口不密集，劳动人口和男女比例相当，农业生产为主的劳动者绝大多数居住在农村。

葫芦岛市土地总面积10 415.85平方千米，其中，农用地面积7 470.10平方千米，占土地总面积的71.7%。耕地2 911.66平方千米，占农用地面积的38.97%；园地705.38平方千米，占农用地的9.44%；林地3 640.22平方千米，占农用地面积的48.73%；牧草地19.79平方千米，占农用地面积的0.002%；其他农用地212.66平方千米，占农用地面积的2.86%。

全市共有未利用地1 939.96平方千米，占土地总面积的18.6%，其中，荒草地、盐碱地、沼泽地、沙地、裸土地等面积

1 619.56平方千米，占未利用土地面积的83.48%，其他土地面积（河流、湖泊水面、苇地、滩涂等）320.4平方千米，占未利用土地面积的16.52%。

土地利用有以下三个特点。一是未利用土地的开发利用潜力较大，农村荒山、荒沟、荒滩的开发利用处于初级阶段。二是耕地区域性分布明显，质量差异较大，中低产农田所占比例较高。沿海地带土地平坦，土质肥沃，为本市粮食主要生产基地；西部土质贫瘠，粮食单产量较低。三是本市园地面积较大，水果生产优势明显。四是城镇内部土地的利用、增值潜力较大。

土地利用存在以下问题。一是人均耕地面积少，且低于全省平均水平，耕地保护任务繁重。二是土地利用率不高，低于全省平均水平，集约、节约用地意识不强。三是优质果园面积比重小，单产少经济效益低的问题比较突出。四是沿海滩涂开发利用率低。五是可利用土地后备资源缺乏，分布不均匀，且大部分分布于较偏远地区。

一、农田基本建设

近年来，葫芦岛市水利建设工程项目逐渐增多，葫芦岛市过去农田水利建设底子薄，随着政府各部门对农田水利的重视，充分认识到水利是农业的命脉。但是，也有水利建设正在荒废，有的大的沟渠被淤泥堵塞；还有的沟渠杂草丛生，如果突降暴雨，沟渠的不畅通将会对农业生产的造成重大影响。新兴的水利工程也存在后续维护不够。

农田规划缺乏科学性。由于农产品产值低，卖不了好的价钱，很多人闲置自家农田外出打工，或者干脆就把自家的土地低价流转，近年来，涉及土地的各种补贴升高，有农民工选择返乡务农，但是已经没有田产了。工地由于多年来不精耕细作，年年施化肥，土地板结不能及时改良，土地沙化、盐碱化比较严重。

二、农村生产力

葫芦岛农村的特殊的地形地貌在一定程度上阻碍了生产力发展，现代化发展越快，这种劣势越体现得越明显，环境决定了单一的、传统的劳作方式长期存在现代化机械化发展缓慢，只有局部地方有机械化作业，影响农村生产力的发展。农村多数是分散，条块化的生产经营，不集中、不成规模化生产居多也制约了生产力的发展。

三、农村道路交通

葫芦岛的农村道路修建、改造和硬化基本已经达到了村和自然屯路路通。农村通往乡镇的大道和田间的小道相比城市比较崎岖蜿蜒，一般都不算发达；乡村小道是农业播种收割得必经之地，道路修建将比较狭窄，不是十分适合机械化生产和农业收割车辆通行。

四、农村医疗保障

葫芦岛农村医疗保障制度比较好，但农民认识还依然存在问题，农村医保参与率还未达到100%，宣传力度还不够，还存在一些误区，甚至很多农民不懂。医疗费用高，农民的收入对于生病治疗费用来讲，医疗费用相对收入占比很高，农民负担比较重，且农村居民普遍缺乏相关的医疗知识，医院诊所分布点位不尽合理，有些农民生病要到很远的城市去看，增加了交通费用，延误了时间，耽误疾病最佳抢救时期。

五、农业机械

葫芦岛市建市比较晚，早期是工业化城市，自从改革开放以来，东北老工业基地改造重组，葫芦岛市的一些小工业企业经过转型升级，工业企业数量变少了，农业逐渐占有了一席之地。随着国家提升农机化水平及加快农村基础设施政策的实施，葫芦岛市的农机产业得到显著的发展，已经形成拖拉机、运输机械、收获机械、牧业机械、拖内配件等诸多小行业，并形成完整的工业体系。农业机械的迅猛发展及其在农村中的应用，加快了农村农业劳动力结构革新，这些都促进了葫芦岛市农村经济建设以及乡村振兴的发展，但仍存在以下问题。

1. 农业机械化不足

葫芦岛市农村大规模成片土地和坡地各占一半，但农业机械使用率相对发达市的农村来说还很低，目前，机械陈旧老化需要淘汰和更新，全市农村对农业机械的需求潜力还很大。随着农村产业化进程的推进，在今后农村使用农业机械方面还有巨大的发展潜力。

2. 购买的机械规格不统一

葫芦岛全市辖区面积相对小，农村的分布也比较分散，在购买农业机械方面也很难像城市人群那样集中购买，这就导致农村市场农业机械购买的差异性和层次性非常突出。第一，农村区域间购买农机的水平不同，而且农村平原、丘陵、山川不同地形对农机产品的需求也不同。第二，同一区域内不同农户富裕程度不同，在购买农机时也存在差异性。第三，农村市场也具有层次性，大致分为沿海、平原、内陆山区三层阶梯市场，这三层阶梯市场的农民在农机消费上的消费心理、消费结构上也存在不同。

3. 购买机械的示范性

葫芦岛市农村购买农业机械具有示范性，农民由于较大多数仍保留着浓厚的小农思想，而且农村比邻而居的居住特点也导致农民之间存在从众心理和攀比心理。一户农民购买了好的农业机械，通常很快别的农户也会知晓并仿效，从而形成良好的示范性

4. 购买农业机械注重功能性

农民消费观比较淳朴，农业机械消费市场还处于功能性需求阶段，即农民主要注重产品的实用性和物质利益，不太重视产品的个性展示和美观价值。农民的这种功能性消费观念对于农业机械产品需求的表现主要有下列几种：一是农业机械的实用性，农民比较重视农业机械的产品性能，并能适应农村的消费水平和消费环境，不太关注农机的美观性；二是农业机械的价廉性，在保障农业机械实用和耐用的前提下，农民要求农机价格越低越好，如果两款农机的基本功能一致，农民肯定是选择价位较低的那款；三是农业机械的简便性，农民文化程度普遍不高，在农业机械使用上只强调农机具备基本的简单功能即可，比如农业机械中的联合收割机，大多农民只要求把玉米等收割干净就行，对于联合收割机的其他功能并不注重，而且农业机械易操作、易修理可能更被农民欢迎。

第二节 葫芦岛农村的基本特征

葫芦岛农村是东北农村的典型代表，但葫芦岛农村也有其自身特色。

一、传统农业比重较高

葫芦岛市农村中传统农业占比较高，在一定程度上受到怀旧和注重养生的人追崇，虽然农业鼓励向高产方面发展，但还有一部分农民利用农家肥和自产的有机肥料进行土壤改良，种出的食材味道还是老味道。近年来，通过政府引导，农民根据市场行情自发种植、养殖具有地方特色的农产品，规模化、规范化、信息化、地方化特色明显。

二、自然环境基础好

葫芦岛市地处北温带,冬冷夏热、四季分明、风光秀美很适合人居,农村有山区、丘陵、平原、沿海,各具特色,资源能够互补。自然资源比较丰富,特别是农产品品类齐全,西北山区的农民农产品能够达到自给自足。利用自然景观现代人工景观的结合打造形成了多处吸引外来旅客的景点。

三、传统文化底蕴深厚

葫芦岛传统文化深厚,地方民俗独特,注重传统节日,乡风文明程度好,农民能够邻里相亲互帮互助,讲究村规民约,村民诚实淳朴,对外来人员向来热情好客,以诚相待。

葫芦岛市农村相对传统、落后,各个领域发展缓慢,基本处于半发展状态。现代气息不够浓厚,农民的思想还不够前卫,接受新鲜事物比较慢,所以,农村现代化程度不高,农村现代化发展空间广阔,人文地理环境原生态比较多,对于发展现代化大生产相对障碍小,容易全新操作。

第三节 葫芦岛市农村发展存在的问题

一、农村发展的体制性障碍依然存在,体制改革任重道远

葫芦岛市农村发展过程中仍存在许多体制性障碍,影响农村经济社会发展的制约因素还很多,城乡二元结构还未根本破除,各种要素在城乡之间合理配置的机制还未完全建立,农村综合改革和其他各项改革的任务仍然相当艰巨。以农村金融体制改革为例,尽管农村金融体制改革已近20年,但当前本市农村金融还普

遍存在许多制度性、技术性、操作性问题。具体而言，主要表现为：一是农村金融体系不完善。农村信用社没有发挥应有的支农作用；农业发展银行的业务范围又过窄，而且随着粮食购销体制改革的完成，贷款业务又进一步萎缩；商业银行出于自身经济效益考虑，将部分分支机构从县乡退出；农业的保险制度落后，农业商业保险规模小，险种单一。二是农村资金流失严重。农业银行及一些商业银行的分支机构，在农村吸储能力很强，对农户和农村中小企业的贷款却较少；城市信用社下乡揽储挖走部分资金，转向城市。三是缺乏农村特点的贷款担保制度。在现行信贷政策下，农户和农村中小企业自身不能提供有效的贷款抵押担保，难以得到需要的贷款。在这种情况下，政府势必需要进一步采取措施，通过深化农村金融改革、加强国家的政策扶持和完善农村金融风险规避机制等三方面加大金融支农的力度。

二、农村发展面临诸多挑战，农村生产力总体水平不高

1. 政府对农村发展的投入严重不足，农村发展缺乏后劲

一是农村中农业基本建设投入不足，其占全市基本建设投入的比重，"六五"时期为5.1%，"七五"时期为3.3%，"八五"时期为3%，可见逐年减少。由于基本建设投入不足，全市农业基础设施老化严重，约有1/3的水库带病运行，60%的排灌工程急需维修，农业抵御自然灾害能力逐年下降，遭受灾害面积逐年扩大。二是农业科研经费严重不足。农业科研经费占农业生产总值的比重不到0.1%，农业技术推广经费比重不到0.2%，远远低于其他发达地区平均水平。由于利益的驱使，社会、企业和农户对农业的投入也不多。没有建立政府、企业、农民合作组织的财政、金融、税收、农产品价格补贴等体系和运行机制，农业投入不足已成为全市农业发展缓慢的主要因素。

2. 农业产业结构不合理，结构性矛盾突出

虽然全市目前农业产业结构调整已初见成效，但仍存在一些亟待解决的问题：农业生产品种结构单一，产品结构层次低；农产品加工业滞后，农产品增值困难；农业生产经营方式落后，难以形成规模经营；缺乏科学的区域布局，等等。

3. 农业资源短缺和生态环境脆弱，农业综合生产能力难以持续提高

全市人均自然资源少，加上在相当长时期内耕地缩减、淡水短缺、人口增加的趋势不可逆转，部分地区生态环境还在继续恶化，全市农业发展的资源和环境约束日益趋紧，导致粮食安全和生态安全难以保证。

4. 农业服务体系不健全，科技、信息等服务滞后

全市农业服务体系长期以来以推广和服务为主，目前，农业服务体系存在队伍膨胀、机制不活、负担太重、观念滞后、服务能力低、市场组织化程度低和经济效益低等各种问题，很难适应市场农业发展的要求。

5. 农产品流通渠道不畅，农业资源优势难以转化为经济优势

全市目前许多农村地区个体贩运户规模小且不稳定，区域市场发育不全，大宗农副产品难以及时有效地销售出去，远远不能适应农产品的流通要求。

6. 人口流动使村民自治发展面临新的挑战

一定数量素质较高的村民是村民自治的组织基础，但全市目前农民的大量外流，严重地削弱了村民自治的组织基础。大量高素质农民的外流，一方面使村庄中可供民主选举的高素质的村委会成员候选人减少，直接导致村委会工作能力的下降；另一方面，留在村里的农民大多是老人、妇女和儿童，他们有很多对行使民

主的程序和意义不太懂,从而容易导致民主的程序流于形式,民主决策也很容易异化为少数村干部决策。

7. 农村社会事业发展缓慢,城乡发展差距不断拉大

近年来,葫芦岛市政府采取一系列政策措施,大力推进农村社会事业发展,使全市农村社会面貌得到了很大改观。但是,农村社会事业发展还面临许多困难和问题,难以满足广大农村居民日益增长的公共服务需要。农村教育基础依然薄弱,中小学师资队伍数量不足、办学条件差、留守学生多等问题十分普遍,普及和巩固义务教育任务相当繁重;农村公共卫生体系建设不健全,基层医疗卫生基础薄弱,农民看病难、看病贵的问题十分突出;农村公共文化资源十分短缺,不少地方文化活动场所和设施破旧残损、年久失修,没有文化活动场所、没有文化活动设施、没有文化活动内容的现象还普遍存在;农村社会福利严重滞后于社会和经济发展水平,存在社会福利机构匮乏、社会福利覆盖面狭窄、地区发展不平衡、各福利项目发展不平衡、缺乏统一的组织管理等诸多问题;农民生育观念与国家政策有很大差距,控制人口过快增长的任务十分艰巨。农村社会事业发展滞后,致使农村居民公平享有经济社会发展成果的权利难以保证,极大地抑制了农民消费水平和发展能力的提高,已成为制约经济社会协调发展的重大障碍。

三、农村环境问题突出,生态环境治理任务艰巨

目前全市农村环境问题日趋严重,农村居民的生产、生活安全受到了很大威胁。这些问题突出地表现为:

1. 生态环境破坏严重

由于受自然和人为两方面因素的影响,农村当地局部生态平

衡遭破坏，进而在整体区域范围内造成生态功能失调，生态调节作用减小，各类自然灾害频发。

2. 农业污染加剧

在农业生产过程中，由于不合理使用农药、化肥、地膜等化学品投入，造成严重的地面污染，不仅导致农作物减产、农产品品质下降，而且对土壤、水、生物、大气和人体健康造成严重危害。同时，规模化畜禽养殖业的废弃物对农村环境的污染也越来越严重，极大地影响农村居民的日常生活。

3. 居民生活污染严重

随着农村居民生活水平的提高和生活方式的转变，农村生活污染由分散走向集中，各种问题日渐严重。主要表现在：农村生活垃圾数量增多，而且几乎全部露天堆放，没有进行有效处理；生活污水任意排放，致使河流、水库和池塘污染严重；厕所革命不彻底，露天茅厕还很普遍，生活取暖排放的大气污染物没有经过处理就直接排放，对当地空气环境造成一定程度的污染。

4. 工业污染增多

全市农村工业污染主要来源于两个方面：一是乡镇企业污染。全市乡镇企业数量众多，而且大部分设备简陋、技术落后、能源消耗高、缺少防治污染的设施，致使由乡镇企业发展带来的污染问题十分突出，加重了农村环境的压力。二是城市向农村转嫁的污染。由于城市产业结构调整，一些耗能高、污染重、难以治理的企业迁移到农村，造成城市污染向农村转移；同时，城市"三废"直接转移到农村，由此给城市周边区域的环境带来严重污染。

四、户籍制度造成城乡二元结构，农村城镇化困难重重

以往户籍制度将城乡予以二元分割，形成了城乡之间经济发展、文化水平的较大差异。这种户籍制度在传统的计划经济体制下是自上而下行政管理的必要，在建设社会主义市场经济的今天已经受到理论界的一致质疑。各地兴起的户籍制度改革纷纷向这种不合理的制度"开刀"，希望能够借此进一步解放农村剩余劳动力。但需要前瞻的是：户籍制度改革以后，解放的剩余劳动力如果得不到合理的安置和疏导，形成的移民潮会给社会治安造成相当大的压力。因此，城市化的步骤需要控制，小城镇是消解城乡二元对立、改革户籍制度的必要配套措施。

第四节 农村现代化发展研究
——以建昌县为例

为全面提升建昌县经济社会发展水平，解决发展不平衡问题，促进建昌县农业农村高质量发展，抓住乡村振兴有利时机，实现农业农村现代化建设目标，详细分析当前面临的有利和不利因素，准确研判和有效实施对策，趋利避害。

建昌县曾是地处辽西北的国家贫困县，随着国家整体脱贫攻坚战的胜利，已经摘掉了贫困县的帽子。虽然是革命老区，民风淳朴、勤劳务实，但是缺少创新精神，百姓生活还不够富裕。建昌县农业人口占全县总人口 87.3%，农民生活质量的好坏，农村经济发展程度的快慢，农业 GDP 水平的高低是关系到全县经济社会发展快慢的晴雨表。

目前，建昌县的农村农业生产还依然停留在比较原始落后的生产阶段，为了能够使农业在本地区经济发展中不落后和不拖后

腿乃至达到农业富县的任务目标，务必加快农业农村现代化发展进程。

1. 建昌县的农业农村实现现代化是全面提升全县经济社会发展水平的重大任务

习近平总书记强调，"没有农业农村现代化，就没有整个国家现代化"。农业农村现代化进程的快慢，直接关系到县域经济整体目标的进度和质量高低。全面实现农业富县的整体目标，重点工作任务在"三农"。当前和今后一个时期，全县应把工作重点放在农村，注重农业生产，把握发展主动权，进一步巩固农业基础，守好"三农"这个战略基点。加快构建新发展格局，扩大内需，同样需要挖掘农村巨大市场潜力。必须加快农业农村现代化，把农业农村现代化摆到现代化建设更加重要的位置，推动农业全面升级、农村全面进步、农民全面发展，为经济社会发展大局提供更加强有力的支撑。

2. 建昌县的农业农村实现现代化是解决发展不平衡不充分问题的重要举措

习近平总书记强调，"在现代化进程中，如何处理好工农关系、城乡关系，在一定程度上决定着现代化的成败"。现阶段，城乡发展不平衡、农村发展不充分仍是社会主要矛盾的主要体现，建昌的农村状况也不例外，农业农村发展缓慢仍是全县经济社会发展的突出短板。与快速推进的工业化、城镇化相比，农业农村发展步伐还跟不上，城乡要素交换不平等、基础设施和公共服务差距明显，"一条腿长、一条腿短"的问题比较突出。必须加快农业农村现代化，强化以工补农、以城带乡，投入更多的资源和力量优先发展农业农村，确保在现代化进程中农业农村不掉队，实现新型工业化、信息化、城镇化的同时，农业现代化同步发展。

3. 建昌县的农业农村实现现代化是全县农业农村高质量发展的必然选择

党的十八大以来，以习近平同志为核心的党中央始终把解决好"三农"问题作为全党工作重中之重，部署实施乡村振兴战略，不断加大强农惠农富农政策力度，推动农业农村发展取得了历史性成就、发生了历史性变革。葫芦岛市"三农"发展面临不少新矛盾新挑战，农业结构性矛盾日益凸显，自然风险、市场风险增加，供给保障能力仍需进一步巩固，农村基础设施和公共服务仍然薄弱，农民增收速度放缓。

一、制约因素

1. 思想不够解放

一是传统思想根深蒂固。建昌县农村百姓以勤劳肯干闻名，思想淳朴，祖祖辈辈靠农业劳动为生，常年累月、周而复始的生活生产方式形成了传统固化的思想，没有变通，不机动、不灵活。农民有不少靠天吃饭的思想，对新的先进的科学的方法不认同。

二是接受新思想的方式少。农民守住自己的土地固然是正确的，但死死抓住不放，一直"面朝黄土背朝天"就如同井底之蛙，不看电视、不听广播、不关注网络、不阅读书报、不接受科普宣传，所以收集来的有用信息自然就少之又少，进而也就形成了不求新、不求变的守旧思想。

三是科学意识淡薄不强。建昌县的农村百姓从古至今就是从事传统意义上的种植粮食作物（以玉米为主），并且一直以传统经验为主，科学意识不强，不愿意改变农业种植结构，能够掌握一门现代技术的更少，认为粮食不丰产是老天爷不做主。他们在种子、化肥的选用以及水分与土壤的结合上没有突破。

四是科学文化水平不高。当前从事农业生产的多数都是老年人和妇女，这部分人的文化水平较低，对农业农村现代化的认知不足，理解能力相对较差，与现代化的要求存在较大差距。

2. 自然环境不利

一是地理位置偏僻。建昌县位于辽宁西部边陲，葫芦岛市西北部，多为山区，与河北省青龙县接壤，与辽宁省内朝阳市的喀左和凌源毗邻。

二是交通不够发达。城区内只通一条铁路，一条高速公路，交通出行和农产品销售都十分不便，货物运输仅靠刚刚兴起的物流产业，货运工具以汽车为主，运输量极其有限。

三是气候条件较差。降水少，日照时间长，水分蒸发快，再加上山地多，坡度大不存水，导致土壤结构贫瘠。

四是特色产品不多。建昌县以传统农作物为主，有极少一部分乡镇以种植小杂粮稍有名气，干果坚果类数量不多没打出品牌，养殖多数呈分散状态没有形成集中连片规模化生产，缺少地方特色。

3. 社会环境受限

一是人才资源匮乏。社会中人的因素是参与整个社会生产生活和各种其他活动的主要对象，对社会的发展和进步起着关键和决定性的作用，人才就是生产力，人才的主观能动性是可塑性的。建昌县农村百姓文化程度比较低，年轻力壮的劳动力基本去外地务工，常年留在本地从事农业生产的多数为老年人和妇女，生产活动没有科学技术含量，本地基本留不住具有某方面特长的人才，更吸引不来外地人才。

二是政策倾斜不够。政策是农民生产活动的有力保障，充分利用好的政策能够使合法合规的社会生产生活走向便捷正确的道路，甚至有时能达到捷足先登。建昌县的农民思想闭塞，对国家富农兴农的政策了解得少，甚至有些国家给的优惠政策不会运用，还有的国家政策传达不到位的现象，对政策不能用好用足。

三是配套设施不足。农村基础设施落后，在现代化生产中，要求旱能灌、涝能排，农业生产必须配套水、电、路等设施。对于大棚蔬菜种植户要掌握水肥一体化、生物绿色防控等技术。建昌县农业生产现状是先进生产设备几乎没有，更谈不上有充足的配套设施。

四是创业资金缺乏。资金是从事农业规模化、现代化生产的血脉，不难理解如果一个缺血的机体能维持生命几何？及时输血改善生态系统环境并能造血是保证，建昌县的农业农村资金非常有限，外出务工的农民手中的储蓄多是用来娶媳妇和盖房子，很少有用于农业生产，普通农户想办理贷款较难，个别生产大户如若使用信用贷款，审批手续和申请环节不轻松，筹集创业资金越来越难。

二、对策措施

1. 坚持贯彻新发展理念为主导

一是创新发展，着重解决发展动力问题。提倡创新发展，提升创新发展能力，以此增强科技增长的贡献率，缩小与周边县市区科技水平差距，促进农业农村现代化新发展，组织进行农民科普知识宣传，办农民夜校和专题培训班，分批分期进行异地观摩考察。

二是协调发展，着重解决发展的不平衡问题。鼓励协调发展，增强协调发展水平，以此协调建昌县东岭下和西岭上、北岭上和南岭下的区域长期存在发展不平衡问题，从而实现以工补农、工农互促，实现以城带乡、城乡互补，实现以乡联乡、乡乡互助的手拉手农村现代化协调发展新局面。

三是绿色发展，着重解决人与自然和谐问题。引导绿色发展，提高生态环保，把厕所革命落实到位，把矿山沟坡改造进行有效绿化,以此改变建昌原是矿业产区环境自然损害严重、生活饮水以及食品安全隐患、生态系统退化的不良现象,恢复自然的绿水青山,到处呈现"金山银山"现代化新景象。

四是开放发展,着重解决发展的联动问题。推动开放发展,加强城市间发展的联动性,以此促进建昌县与周边县市区互通有无、资源互补,发挥本地区优势,形成农业现代化新气象。

五是共享发展,着重解决社会公平正义问题。坚持共享发展,推动公平正义,以此改变建昌县农村地处偏远山区一直以来自给自足、单打独斗、分散经营的基本状况,从而形成规模化集约化的现代化新模式。

2. 以推动高质量发展为主题

一是坚持人才发展战略。坚持人才发展战略,年龄要有梯次,预防老龄化,人才要有接续,鼓励支持青年学子上大学;行业有互补,打造专业化队伍,避免门外汉看热闹。走出去,选派一批有知识、有文化的年轻人外出学习经验、技术,主动进行自我革新,使这部分人先成为行家里手和专家;请进来,把一些专家请进来进行指导;培养一批高素质农民,利用新型职业农民培训项目培养一批优秀的科技人才队伍。

二是充分利用比较优势。只有比较才有鉴别,才有优势互补,建昌县从很多方面对比其他地区还是有些优势的,历史悠久,革命老区,革命精神底蕴深厚,能够激发斗志,勇为人先不服输;地理环境驱利避害,能因地制宜利用晴天多日照长发展符合条件的产业;有效利用现有的悬崖、峭壁、怪石、峡谷、河流、特殊地貌等自然生态景观结合现代化人文理念打造特色乡村旅游;建昌县农村百姓自古老实厚道、遵纪守法,社会风气纯正,邻里相处和睦,有互帮互助良好风尚,有利于沟通协商、团结合作。

三是打造优越营商环境。加强基础设施建设,多给政策优惠支持,弘扬文明乡风,崇尚优良传统文化,摒弃伤风败俗的陋习,宣传先进模范人物、树立典型，亲商爱商。

四是创造特色品牌效应。地方特色产品是备受现代人们青睐，特别是建昌县利用山地种植的杂粮、干果和养殖的鸡、鸭、鹅、牛、羊等肉食产品，应该打造出精品加工和特色品牌效应来。

五是营造良好竞争氛围。加强法律宣传力度，有效政策引导，提高治安保障，保证公平公正合理合法经营。

3. 以激发百姓内生动力为引擎

一是新品种。建昌县不论是养殖业、种植业还是加工产业在品种上都很落后，都要力求在新品种上有新研究、新突破、新实践，更新过去不太适合的品类以此来增加产量和收入。

二是新技术。新技术是随着时代发展和科技不断进步而发展的，利用好新技术会获得事半功倍的效果，以新技术作支撑才称得上是现代化。

三是新产业。建昌县的产业相对而言都是老旧产业，要积极助推产业新模式，开发新产业，产业强则事业兴，农民缺少就是好产业，要多做调查研究，寻找适合的产业，特别是适合农业农村的现代化产业。

四是新项目。发展一批能够带动农村致富的现代化生产新项目，产业为方向，项目为准星，好的项目生产周期短，利润高，生存时间长，不致于昙花一现。

五是新方式。坚定公有制为主体，多种所有制方式共同发展，按劳分配为主体，多种分配方式并存，建设社会主义市场经济体制，进一步在农村改革发展和完善。

第五节 农村集体经济发展新思路

针对葫芦岛市所辖农村地区在乡村振兴中存在问题和短板，包括人财物的严重缺乏以及产业链不健全等困境，充分发挥农村集体经济作用是促进乡村振兴最有效、最直接的办法。推动农村集体经济要留住人，找到钱，人成事，钱用到正地，地能出钱，把资源进行合理配置，物尽其能，人尽其才。

一、乡村振兴工作存在短板

1. 乡村振兴战略规划有待完善

做好规划是实现乡村振兴的前提和基础，葫芦岛市乡村振兴战略规划虽已制定但不完善，规划内容笼统，可操作性不强；片面强调村容整治，相对忽视产业发展、精神文明建设；规划各自为战，缺少一盘棋思想。

2. 农业产业化水平不高

农业产业结构不合理，主要是传统种养业，产业链短、增值空间小，带动农民增收能力有限。农产品深加工企业少，花生、大根萝卜、食用菌、多宝鱼、海参、小杂粮、设施农业果蔬等具有优势的农产品，也只经过初加工进入市场，售价和利润较低，不能实现利益最大化；农村一二三产业融合发展还缺乏系统规划，产业融合程度较低，农户与企业之间利益联结不紧密。

3. 农业发展面临人力资源短缺难题

基层农业技术人员匮乏，农民科学文化素质与发展现代化农业的要求差距较大，缺少与市场经济要求相适应的营销、电商、金融等人才，也缺少与乡村产业发展相适应的本土实用技术人才。

4. 农村基础设施有待完善提高

农村教育、文化、医疗、交通等公共服务设施与城市相比还有差距，公共服务能力和水平有待进一步提高。农村道路、水利、饮水、供电、燃气等一些基础设施不完善。

葫芦岛市的春旱问题较为突出，年降水量500~600毫米，春季"十年九旱"。目前，乡村的坑塘、河沟、洼地大多被填平，或开荒种地或搞各种建筑建设,在雨季雨水也很少存留。城市的用水量大,座落在农村的水库除汛期外蓄水量不多,影响了水循环。春旱问题也成为困扰乡村振兴的一个典型问题。

5. 农村环境整治还不到位

很多村屯垃圾随处可见,生活污水集中收集、处理、分类不完善,农村绿化、美化、亮化等工作与城市相比还有很大差距,延缓了实现"农村美"的进程。

二、促进乡村振兴

葫芦岛历史上出现过多次自然灾害和各种社会危机,不论是输入性的还是内生性的,很多时候都是靠着广大农村,依靠它软着陆的载体,依靠它是中国政治、经济和社会发展的保险阀、化解危机的蓄水池的特性转危为安,发挥了乡村这个压舱石的作用。党的十九届五中全会提出:"优先发展农业农村,全面推进乡村振兴。"当前,随着脱贫攻坚目标任务已经全面完成,我国正进入推进乡村振兴、城乡融合发展的新阶段。农村集体经济事关脱贫攻坚成果巩固、农村经济发展、社会稳定、农民增收和权益保障,在发展新阶段具有更加重要的地位和更加突出的作用。

1. 以集体经济引领乡村振兴

葫芦岛市农村基本经营制度与国家整体是一致的,以家庭承包为基础、统分结合的双层经营体制,农户人口占全市人口的81%,家庭经营这一"分"的层次进展充分,但是集体经济这一"统"的层次却相对滞后。农户分散占有资源是本地区农业最大的事实。国家向农村转移资源并未同时提高农民的组织能力,甚至出现了国家转移资源越多农民越是"等、靠、要"的问题。仅仅靠自上而下标准化的资源输入是低效的。只有把国家资源下乡与农民组织能力的提升结合起来,这样的资源转移才是最有效的。

通过发展新型集体经济把分散的农民组织起来,提高农民的组织化程度,通过共同努力,走共同富裕的道路,这是中国特色乡村振兴的基本道路,也是独有的中国智慧。

2. 依靠乡村先进的村庄经验

从葫芦岛市一些明星村的经验来看,集体富、村民富;集体穷、村民穷;集体空、民心散,让农民从集体经济中受益,是发达村庄农民致富的一个基本经验。葫芦岛市兴城的碱厂村,过去是省级贫困村,也是个空壳村,集体经济一片空白,现在在葫芦岛地区可以算是一个明星村。2017年以前,碱厂村有"三个难题",一是村里有劳动能力的家庭妇女不能就近灵活就业的难题,二是村里有闲置的房屋不能变成资产的难题,三是兴城泳装产业发展迅猛但是用工短缺的难题。村干部一分析其实这"三个难题"正是"三个资源",一是富余劳动力资源,二是农村厂房场地资源,三是泳装就业岗位资源。村干部进行统筹研判后把资源合理配置,房屋利用起来了,妇女就业了,泳装厂又不缺工人了。凭泳装厂一项,碱厂村当年就实现整村脱贫,真是"一企入村、整村脱贫,一人入企、全家脱贫",每年还为村集体增加经济收入15万元。碱厂村在壮大集体经济这方面除了手拉手泳装厂、心连心花生加工厂,再有就是2019年围绕兴城提出的"唱响全域经济十本经"发展布局,因地制宜,又开发了集山坡经济、水库经济于一体的桃花岛、红河谷乡村旅游项目,被评为辽宁省干部培训基地,在这个荒岛上投资500万元打造一个以水文化为主题的红色教育基地,建成后将成为辽宁省内最大的以水文化为主题的特色景点。

三、对策措施

1. 集体经济要学会"吃租"

农村集体经济,就是一个村域范围内生态资源的价值化实现的机构，它相当于村域内资产管理公司和服务公司。作为资源的所有者，村集体不需要制造租，而是得收租。制造租得是那些投资人来投，把他的投资变成股权，他们才是资源的创造者。村集体经济就是把各种资源做成股权安排到各种公司、企业、合作社中，相当于吃他们的租。所以集体经济相当于"吃租"经济。

比如前面提到的碱厂村，在 2017 年脱贫以前，他们老老实实吃的是第一产业租，但是从引企进村的那天起，吃的就是厂租，第二产业租，目前红山谷桃花岛的乡村旅游方向，他们开始收的就是资源租、风景租，包括未来前来培训学员的床铺租，收的是第三产业租。所以集体经济就是"吃租"经济。农业社会吃的是地租、农业租，工业社会吃的是厂租，在的今天生态文明战略，要收的租发生了一个质的改变，过去无论地租还是厂租都是平面租，是从一块块土地上找收益，今后的集体经济发展方向应该紧跟中央提出的生态文明发展战略，把当地的生态立体空间资源变成集体可以收租的资源，是山水田林湖草的综合系统开发，山水田林湖草作为一个整体，不是被切割的，内部之间是黏连的，构成了立体资源收益。习近平总书记的"两山思想"就是山水田林湖草综合规划系统开发，把这个资源变资产，这样集体经济才不是无源之水无本之木。

2. 抓住"三变改革"集体经济的法宝

如果说集体经济是乡村振兴的法宝，那么，"三变改革"就是发展集体经济的法宝。如果只是请进来一个企业，一个老板去搞，只是这些精英大户受益，农民没有整体获益，集体也没有收益，那这个租值就极大的耗散掉了，虽然也是有租源，但是村集体没有拿到，这个叫集体开发的非正义，只是少数人获利，这不叫中国特色的社会主义，这不符合新时代的思想。通过资源变资产，资金变股金，农民变股东，把村集体、把农民植入到整个产业链当中，从而实现集体经济的壮大和村民共同富裕。

碱厂村手拉手泳装厂把村里闲置的房屋给盘活做厂房，把弃管的果园盘活做景观，把碱厂水库静态的、死的资源作为城乡交流融合的活景点，这些做法正符合"三变改革"中的"资源变资产"。泳装厂投入资金110万元，最后量化成股金，建档立卡户占股49%，村集体占股51%，心连心花生加工厂也是按持股比例，村集体持股1/3。变农村集体和农村居民"一次性"投入为"持续性"增收，形成增收的长效机制，把村集体和农民纳入收益链中，这就是资金变股金，农民变股东。所以"三变改革"是村集体经济生存与发展的重要法宝。

3. 发挥集体经济的社会化特征

农村集体经济其实可以算是一种类型的企业，叫社会型企业。主动地担负起其社会责任，对社会整体起向上的作用。碱厂村集体经济壮大了，村里根据集体经济的盈利拿出利润给贫困户分红。目前，村里为贫困户开通了5条增收渠道，即泳装厂股份分红、泳装厂打工收入、蔬菜大棚收入、花生加工厂免费加工增值收入、旅游观光收入。每个贫困户最少也能从中有两个或两个以上收益渠道，可保障贫困户脱贫以后不返贫。新冠肺炎疫情期间在村部一楼，建了个免费的托管班，村里又建了一个200多平方米的浴池，还建了一个五谷磨房，很多地方的创新打造都是发挥集体社会化功能。

4. 发挥"能人效应"拉动集体经济

碱厂村的"李书记"，还有开发桃花岛的"梅大姐"，他们都是葫芦岛小有名气的人，都是能人。2016年，李红兴临危受命，当上村书记，这时他决定不光要自己一个人富还要带上全村老百姓一起富，从小生长在碱厂村的他，深知这里地理位置偏远，土地贫瘠，不适合发展经济作物。于是，李红兴和其他干部探讨，挨家挨户调研走访，最后确定了发展泳装加工产业的思路。现在这个红山谷旅游项目从设计到施工包括下一步怎么发展都是他，没用乡里市里操一点心，自己挣点钱全投这里面了。李红兴被评为2017年"最美兴城人"，2018年葫芦岛好人。

梅大姐，名梅艳秋，葫芦岛宴福食品有限公司，宴福食品有限公司被评为中国华商企业500强优秀企业单位，公司为北京钓鱼台国宾馆食品提供原材料、水产品是全国唯一指定特供单位，所供应的国宴系列产品深得国宾馆领导的认可和信赖，叫响了"渤海海域"水产品牌，为家乡葫芦岛赢得了荣誉。为了保护碱厂水库这片水源地，也为了把碱厂水库军民共建感人的故事传承下去，梅大姐把荒岛变成了桃花岛，建立一个党员干部教育基地。

李红兴和梅艳秋有共同点，第一，就是有企业家的才能，或者因为他们本身是企业家，他们能看到普通村民看不到的，同样的山、同样的水，别人看是山和水，他们看是资源，别人看是绿水青山，他看是金山银山。第二，有家乡情怀，愿意带领家乡老百姓致富。如果农村集体经济是社会型企业，那么引领集体经济这些乡村振兴的带头人就属于社会企业家了。

通过对葫芦岛市兴城市碱厂村的事例不难得出启示：发展农村集体经济模式促进乡村振兴要有更科学的管理指导，更开放的人才政策，更有力的组织保障，更丰富的发展模式，更优化的收益分配，让村集体经济从无到有、从小到大、从弱到强、遍地开花，真正使村集体经济成为乡村振兴的新引擎，推进乡村振兴快速发展，使乡村振兴不再是口号，真正实现乡村振兴。

第六节　坚持供给侧结构性改革

改革开放以来，葫芦岛市农业也产生了很大的变化，农业增产，粮食、蔬菜、水果、畜禽、水产品等农副产品供应充足，为周边市场提供了丰富的物质基础。但是，在一定程度上农业生产还是不适应当前地区经济发展的需求,还不能跟上消费者的消费变化。特别是粮食生产存在阶段性、结构性过剩,玉米生产就明显存在这个问题,收割入库的存量过剩、时间过长,造成财政支出有负担。农产品质量安全性不高,绿色有机农产品不足。农产品生产成本和销售价格长幅过快过大,严重影响低收入人群的生活消费水平。所以,有必要进行农业供给侧改革。

一、现实意义

为进一步拓展农产品消费需求。改变玉米等粮食的阶段性、结构性过剩,种粮农户农粮卖价过低的现象,并不是国家通过收缩收购玉米数量就能解决的,百姓减少玉米种植量也是不可能的,玉米的种植以及售卖过程相对简单易操作,农产品的生产流通过程也是遵循生产关系适应生产力的发展的规律,改变其生产习惯和调整种植品种可能都比较困难。

加快农业绿色转型提升农产品质量安全性,随着葫芦岛市人民的眼界逐渐开阔,融合大城市发展和消费水平,对农产品的消费需求也越来越高,越来越有品位,对饮食结构和消费结构也发生了质的变化,从量变到质变本身就是供给和需求之间的平衡过程。

二、改革重点

一是强化农业经营体系建设,在农民中老龄化问题不可避免,小农户经营是不可能承担起农业供给中优化产业结构这一重要任务,必须创新农业经营主体,优化经营体系,进一步深化三权分置。加快培育种养大户、家庭农场、农民合作社等更加稳定和更具规模理性的新型农业主体。再有就是通过健全培育体系、建立资格制度和完善支持政策。

二是优化农业支持政策,实施农业供给侧结构性改革,完成调结构、降成本、补短板等目标任务。调整粮食安全战略，全面实现农业绿色发展，进一步深化农村改革。

三、主要难题

一是农户经营规模小、产业化程度不高。二是农业科技力量不足，农户缺少专业知识。三是农业基础设施建设落后，管理服务水平低。四是农业资源趋向短缺，生态短板严重。

四、政策建议

一要树立变革性、创新性、可持续性的现代化农业发展意识。二要建立市场、政府、农户的一体化联动机制。三是加大农业资金投入力度、健全农产品定价形成机制。四是注重发挥农业的多功能作用。

另外，要促进农业发展工业化、信息化、城镇化之间的协同推进。全方位落实农业供给侧结构性改革思想，推动农业供给侧结构性改革全面、深入、高效开展。

五、典型举措

1. 做好种植业结构调整，增加杂粮、蔬菜的种植面积

2016年和2017年，在新台门镇试验基地通过种植杂粮取得了良好的经济效益和社会效益，起到引领示范的作用。连山区西部乡镇种植杂粮的积极性都大大提高，2017年种植谷子的面积达1 500亩、种植高粱的面积达3 000亩。

2018年，调减玉米播种面积1万亩。增加谷子、高粱的种植面积3 000亩，增加设施蔬菜播种面积3 000亩，花生种植面积2 000亩，发展中草药等作物种植面积2 000亩。

2. 打造休闲、观光农业

2015年，连山区开始着力打造近郊观光农业带，依托企业和其他经济主体拉动,政府协调土地流转,对环境建设配套设施建设予以资金支持。

山神庙乡凉水井子村的灵山风景区,是国家 AAAA 级景区;寺儿堡镇的"开心大樱桃"采摘园;二台子村卧龙山采摘园;地藏寺村草莓采摘园;万泉河农业有限公司采摘园;蓝鑫农业科技有限公司蓝莓、大樱桃采摘园;鼎硕果业专业合作社万亩果园;葫芦岛蟠桃山生态养生度假庄;"连山团北花千谷"千亩农业生态观光园区;富都生态观光园;杨郊乡日晟休闲农业;塔山乡盘道沟晚蜜桃采摘园;塔山乡九星合作社温室葡萄、大樱桃采摘园;新台门立国葡萄采摘园;塔山乡三义庙畅达蔬菜采摘园。

打造和发展好具有连山区特色的休闲农业,使其成为今后农业发展的新亮点,让休闲、娱乐、采摘、垂钓成为一种时尚。

3. 做好认养农业

2016 年、2017 年,连山区认养农业发展的典型有:锦郊街道团北"花千谷"、二台子卧龙采摘园、塔山乡"碧岚欢乐农场"、杨郊乡鼎硕果业、新台门汉沟立国葡萄小区。通过大力发展认养农业,整合农业农村资源、培养农业农村新动能,为扶贫攻坚起到了助力器的作用。

区政府拟投资 1.3 亿元与中连网络公司合作,在打渔山创业大厦创建农业互联网平台。该平台涵盖农林牧富渔 5 个方向、9 个领域,目标达到汇总农业大数据,统一品牌形象,提升区域农业发展,促进农业技术创新和模式创新。

4. 发展壮大龙头企业

截至 2017 年年底,连山区有省级龙头企业 2 家、市级龙头企业 6 家。以龙头企业为依托,引导和支持龙头企业、合作社、家庭农场构建以龙头企业为核心、专业大户和家庭农场为基础、专业合作社为纽带,集生产、加工和服务于一体的现代农业产业联合体。区政府拟投资150万元，改造邢家屯村韭菜生产基地。引进净菜加工生产企业，该企业投资2 000万元，完成蔬菜的生产、加工、销售，解决本地农民就业问题。大北农公司2018年12月投产，解决2万人就业。同时每个猪场配套40个1 000头、40个2 000头、20个4 000头育肥场。

第三章 葫芦岛市农民概述

第一节 葫芦岛市农民概况

葫芦岛市的农民在改革开放前计划经济时期，农民主要以种植和养殖生产，周而复始地劳作，不停地做同样的工作，到了改革开放后，随着市场经济的需要，农民不自觉地改变了自己的生产和劳动方式，农民们从事的劳动就复杂多样了，只要能够更快更多地增加收入就可从事了，有的下海从商，有的是产业工人，出外务工，农民们从事的生产不再是单一性，具有选择性和灵活多样性的特点了。

农民们生活的好与坏，体现了生产力水平的高低，社会发展了，农民们的生活自然好了起来。现在农民们的"急、难、愁、盼"是政府最大的事情，农民们的地位提高了，自豪感、获得感、幸福感在逐年提升，农民们的公平性和安全感越来越有保障。葫芦岛市的农民自古是中原地区人民的后代，勤劳朴实，有农业生产的雄厚根基。

中华人民共和国成立后，葫芦岛市（20世纪80年代后成立地级市）随着农村土地改革计划的完成，农村居民均获得土地，农民演变为"自耕农"，但维持的时间极短；随着合作化运动、大跃进和人民公社化，"自耕农"的身份很快由"农业合作社社员"

变为"人民公社社员",直至1984年人民公社解体。

随着人民公社的解体,葫芦岛市农村居民开始完全拥有土地的经营权,即理论上的"包产到户",过去的以粮食生产为主的集体经济转为农户自主经营的私营经济。农村由过去的种植业为主转向多种产业,乡镇企业(20世纪90年代以后基本上全部转化为私人企业即"民营企业")获得较快发展。至此,按照农业生产结构变化和就业途经,农民群体开始演化。

经济发达地区,出现亦工亦农的群体,多为青壮年农村劳动力,即被雇于当地企业,同时兼顾家庭农业生产。主要集中在工商业发达地区,如沿海地区、内陆地区的城郊和集镇。

随着产业分工和发展,一部分农村家庭开始经营小型"家庭农场",产业由之前的以粮食生产为主转向其他领域,如花卉、水果、经济林木等种植业领域,城郊地区很多家庭作坊经济体开始大量涌现,很多成为渔业、畜牧业"养殖户",沿海地区由单个家庭或多个农户联合经营、公司化经营的各种规模的海洋水产养殖场大量出现。自1980年开始各种私人经营的便利店、商店、饭馆遍布城乡地区,城市、农民涉足现代产业的各个领域,到20世纪90年代,农村地区农户家庭之间开始普遍出现短期的雇佣和被雇佣的关系;农户或家庭的农业和其他产业的经营、各项家庭建设(表现为农民建房)由以前的"互帮互助"转化为雇佣关系。在同一时段、同一区域,每个农民既可以是雇佣者、又可以是被雇佣者(彼此雇工)。农村居民壮年劳动力在农忙时节经营或帮助经营家庭农业生产,农闲时节进城务工,加入产业大军的行业。

自1980年以后,农民根据其产业重点,被冠以各种称呼。

粮农,指以粮食生产为主导的农民(农户)、生产组织。

果农,指以水果种植为主的农户、生产组织,还有瓜农、桃农等。

菜农,指以蔬菜种植为主的农户。

花农，指以种植花卉为主的农户。

棉农，指以棉花种植为主的农户、生产组织，主要集中在新疆和其他棉花产区。自2000年以后，从四川、甘肃和河南大量涌入新疆采摘棉花的务工农民，被媒体称为"棉农"，其运载专列被称为"棉农专列"，最多也是"季节棉农"；这些人被新疆当地称之为"摘棉工"。

养殖户，指以畜牧业和水产养殖为主的家庭，包括渔民、牧民。

专业户，20世纪80年代大陆用语，多指农村地区生产规模比一般的家庭大，而且具有生产特色的家庭生产单位。如"运输专业户"，家庭收入来源以运输为主，兼顾传统粮食种植，收入大大高出当时的一般农户。

第二节　葫芦岛市农民的基本特征

从葫芦岛市农民的实际情况来看，农民具有职业性、地域户籍性、时代性、动态性的特点。一是职业性，农民基本是从事过农业生产或者还正在从事生产的主体；二是地域户籍性，居住在农村或户口为农业户口，现在已经打破了这个惯例；三是时代性，现代农民已经不同于过去的农民了，劳动对象，使用的劳动工具和从事的农业活动已经复杂多样；四是动态性，农民身份不是一成不变的，随着社会的发展，生产力和生产关系不断地发展变化，为了适应这种发展的需要，农民也不是一直就是农民，非农民也不是不可作为农民，是否是农民现在不再给贴上固定的身份标签了。葫芦岛市的农民现在也真正发生了变化，出现了许多新型职业农民，随着农业农村现代化发展的时代需要，正在培养更多的新型职业农民，进行更好的、新的现代化的农业生产。

葫芦岛市农民从宏观上是中国农民的缩影，也有东北的农民的典型特征，同时更是辽西地区的农民的具体体现。从微观上看，葫芦岛市农民也区别于其他地区的农民,因为从地域文化上和历史传承上会有些不同,对农民的影响就会有所不同。

一、农民素质方面

农民素质是一个含义非常广泛的概念,一般认为包括科技文化素质、思想道德素质、民主法制素质和卫生健康素质。当前,葫芦岛市农民科技文化素质还不算太高、道德素质有待提高、法制素质普遍较低和农民的卫生素质不容乐观。

1. 科技文化素质

一是农民受教育程度较低,文化知识水平不适应。

二是农民接受和应用农业新技术、新成果的能力较低。由于种种原因,一部分农民接受新技术的主动性不强,农村科技力量薄弱,农技推广难度较大。

科技文化素质呈现多方面不平衡。一是各地区之间不平衡。经济较发达地区比欠发达地区农民素质高。二是产业之间不平衡,从事非农产业的比第一产业的农民素质高。三是年龄之间不平衡,年轻的比年纪大的农民素质高。四是男女之间不平衡。男性比女性的农民素质高。

教育方面,虽然在农村实行了九年制义务教育,但质量与城市相比存在很大差距。

2. 卫生健康素质

卫生健康素质普遍较低。农民缺乏基本的卫生生活常识,发病率高,健康状况比较差,农民预期寿命比城镇居民低大约在2岁左右。在农村虽然实行了新型农村合作医疗,但标准与城市居民相比存在较大差距。

3. 思想道德素质

一是精神空虚。经过40多年的改革发展,当前农民的"物质温饱"问题已基本解决,但农民的"精神温饱"却未解决。由于农业生产的季节性,加上现代农业科技的快速发展与普及应用,使得农民从繁重的农活中解脱出来,劳动量大幅减少,农民的农闲时间一年可达八、九个月。除一部分人走向第二、三产业外,另外一些人就呆在家中。由于农村文化生活单调落后,民俗文化日渐衰落,过去群众喜闻乐见的民族特色很浓的文娱活动已逐渐消失。以前较受欢迎的农村电影、农村文艺队演出等活动越来越少。虽然在新农村建设中政府要求在农村建农家书屋,但许多农家书屋很难满足农民的需求。

二是农民的小农意识蔓延。家庭联产承包责任制在促进农村经济发展的同时,降低了农业的组织化程度,强化了一家一户的个体思想,弱化了义务观念和国家、集体意识。市场经济的不断发展,其趋利性也使广大农民在公与私、义与利的选择中愈来愈向后者偏移。

4. 民主法制素质

当前立法工作中存在着一定的缺陷,我国现有的法律体系还不完善,不少的农村、农业问题没有相应的法律法规,农民权利缺乏保护、法律难以得到普遍认同。农民出现民事纠纷,多数用传统式的村规民约来讲和,否则,可能矛盾升级出现恶果。法律意识淡薄,法律素质较低。有的农民对法不感兴趣,致使法制观念淡薄。

二、农民增收方面

1. 持续增收缓慢

①农资及涉农服务价格过高,削弱了农民增收效果。农业生产资料价格过快增长抑制了农民收入的增加,在一定程度上削弱了农产品价格提高对农民增收的贡献力度,体现出价格对增收的

负向性。生产资料及服务性价格上涨带来的直接结果是，农民要么减少购买量，从而减少生产投资，直接影响生产后劲；要么保证必要的生产投资，从而直接增加生产成本，抵消收入，降低了生产效益，甚至可能导致增产不增收的尴尬局面。

②农村劳动力资源素质不高将影响农民持续增收。目前全市农村劳动力总量为150万，占全市劳动力总量的65%。但农村教育资源严重不足，劳动者受教育程度明显偏低，低素质劳动力过剩，高素质人才短缺，人力资本严重匮乏。由于文化素质低，又不具备专业技能，使得农村剩余劳动力就业空间狭小，只能选择从事一些简单的体力劳动，造成这些岗位就业竞争激烈，工资水平低下。在当前就业形势越来越严峻的条件下，农村剩余劳动力文化程度低这一自身特征更加剧了其在寻找工作中的劣势和遭受排挤程度。而作为新农村建设主体留守在农村从事农业生产的人员大多数是缺乏一定的技能而又实在无法外出从业的这一部分群体，他们素质较低，技能单一，经营管理能力较低，一方面，难以接受新农业科技知识，制约了农业生产率的提高；另一方面，农村劳动力适应不了当前非农产业的发展要求，多为从事传统的交通运输业、批发零售贸易业以及低层次的服务行业，难以进入较高层次的新兴第三产业，所以也制约了农村非农产业的发展及农民增收进程。

2. 城乡差距扩大

1978年，城镇居民人均可支配收入300元左右，农民人均收入约120元，相对差距为2.4∶1，绝对额差距为近200元；2021年，城镇居民人均可支配收入近20 000元，增速为8.0%，农民人均纯收入近6 500元，增速为10.4%，二者的相对差距为3.10∶1，绝对额差距为14 000元。与改革之初相比，城乡差距呈现出不断扩大的趋势。

三、农民主体方面

人力资源是农村的主要资源,农村的人力资源就是农民,也是农村发展的主体,发挥农民在乡村振兴中的主体作用是当前和今后农村发展的重要任务。2018年7月,习近平总书记对实施乡村振兴战略作出重要指示,强调要尊重广大农民意愿,激发广大农民积极性、主动性、创造性,激活乡村振兴内生动力,让广大农民在乡村振兴中有更多获得感、幸福感、安全感。

农民是乡村的守护者。实施乡村振兴战略,首先须明确振兴乡村是为了谁,以及乡村振兴依靠谁。实施以农民为主体的乡村振兴战略,重点针对的应该是那些留在农村不能进城的农民。"靠种地谋生的人才明白泥土的可贵。"这个道理我们都明白,乡村振兴战略要靠一批真正懂农业、爱农村的人去落实。农民是乡村的守护者,也是乡村村落和乡村文化的守护者。只有农民才最珍惜和熟悉土地,未来也只有让农民来经营农地,才能保障农业生产可持续健康发展。也只有尊重农民的意愿,才能更好地保护乡村村落和传承优秀乡村文化。乡村发展的本质是人的发展,绝不能让农民成为农村改革旁观者,而应让其有切身的参与感,让农民成为改革红利的主要受益者。因此,实施乡村振兴战略指向的是所有农民,依靠的也应是所有农民。

人民是历史的创造者,是决定党和国家前途命运的根本力量。必须坚持人民主体地位,依靠人民创造历史伟业。实施乡村振兴战略作为新时代"三农"工作的总抓手,事关党和国家事业全局与广大农民的根本利益,必须坚持农民主体地位,紧紧依靠农民来推动。实践中,有的地方不尊重农民主体地位,想当然地替农民作主,其结果是农民的积极性受到挫伤。必须深刻认识到,广大农民是乡村振兴的根本力量,他们的积极性、主动性、创造性是乡村振兴的内生动力。实施乡村振兴战略,必须坚持以广大农民为主体、动力和依靠,广泛汇聚广大农民的智慧和力量。

第三节 葫芦岛市新型农民发展现状

农民是农村劳动财富的创造者,也是农村居民的主体,乡村振兴的主力军。从事"三农"工作的专业大户、家庭农场经营者、合作社负责人、从事农业生产经营的高素质农民和返乡从事农业生产经营的创业人员及农民工是乡村治理和"三农"工作的重要主体。随着乡村振兴战略的实施和进一步推进,一些有文化、懂技术、善经营、会管理的农村生产经营型人才加速涌现,在农业生产经营方面的作用越来越突出,显现出了农民新型化发展趋势,务必培养一批新型职业农民。首先,让一批想务农、有经验的"老农"转变观念、提升技能,成为新型农业经营主体的骨干力量。其次,让一批能创新、敢创业的"新农"加入生产经营人才队伍,成为农业转型升级的新力量。这部分人可以通过发展绿色生态农业、农业电子商务、休闲农业等新业态、新产业。最后,让一批高学历、有情怀的"知农"在职业培育中加速成长为农业后继者,推动农业可持续发展。目标是培养"三农"干部、新型职业农民、农村专业人才和高科技人才。

一、存在问题

1. 财政制度待完善

农村生产经营型人才培育的财政投入方式过于单一,资金投入由谁来承担的问题还没有得到有效解决。农村生产经营型人才的培育涉及环节比较多且比较复杂,政府财政投入后劲不足,压力较大。有必要增加筹资渠道,农村培养新型职业农民的资金投入平台体系还不健全，筹集资金比较零散，没有形成规模，还不利于投入使用。

2. 知识技能培训不实

农村生产经营型人才、农业职业经理人、致富能手等人才培养还依然局限于"面子工程"，部分地区县市对这部分人才培训重视还远远不够，技能培训以短期培训为主，学不到真正实用的技能，或者说学到的技能也不太切合实际，无法用于农业生产经营当中去，没能达到培训的目的。

3. 生产经营补贴不足

资金投入不足，农村生产经营人才进行农业生产经营时能够得到的生产经营补贴是杯水车薪。生产经营各个环节都需要较多的资金投入，农民自身根本没有能力用积蓄来投入，技能培训这部分费用更需要额外补贴，如果这部分补贴不足就会大大削弱农村生产经营型人才参加技能培训的积极性和主动性，不利于新型经营主体的壮大，也不利于新型化农民的发展和培育。

4. 队伍结构不均衡

不同地区经济发展水平差异造成农业生产力发展水平不同，同时也造成资源分配不均等。年龄结构不合理，农村生产经营人才群体老龄化严重，非农市场较好的工资待遇以及年轻一代对于土地和农业没有兴趣，从事农业生产的年轻人数量极少，劳动力从农村向城市转移比较严重。

5. 自身能力不够

经营管理能力较弱，生产经营型人才存在经营管理能力偏低的问题，仍有沿用传统小农户保守的生产经营方式。还有一部分农民抗压力能力弱，没有敢打敢拼的精神，面临风险选择时往后缩，这也在一定程度上限制了新型农民人才的发展。知识技能水平偏低，主要体现知识水平匮乏，学历水平也不高，学习的积极性也不高，实践技能水平低，新技能体验不多，很少有创新思维。

二、新型职业农民培养路径

1. 提升农民自身综合素质

提升现代农业经营管理能力，引导农村生产经营型人才转变传统的小农经营管理理念，了解扎根在农村的留守劳动力在农业生产中面临的真实困境，结合生产实际，逐渐改变他们保守的农业观念，极早让他们接受新技术新技能，提升他们的综合素质。提升知识技能水平，不断提升青年农民的技能水平，大力扶持返乡从事农业生产经营的青年农民，充分利用青年农民较易接受新理念的优势，将其培育成为农业生产经营的新生力量。提升经验丰富农民的知识水平。尤其是正在生产中的农业生产经营型人才知识能力水平急需提升。

2. 增强地方政府职能

政府要加大资金投入和政策完善速度，促进农村生产经营型人才各方面能力水平的全面提升，使农村生产经营活动永续发展。创新技能培训模式，引进全新技能培训模式，充分利用网络资源，打破技能培训的区域限制，建立远程培训渠道，开展异地现场观摩培训活动，重视与农业院校、农业科研院所的合作交流，促进生产经营人才知识水平与技能水平的结合。完善财政投入制度，建立健全以政府为主导，多种筹资融资形式相结合的资金投入体系，建立统一的资金管理机制，促进资金使用的规范化和标准化，保证资金的有效使用。

3. 加强人才队伍建设

不断推进农村生产经营型人才队伍向更全面的方向发展，改善年龄结构，注重青年大学生的培育和改善区域不对称状况。对于有意加入农村生产经营型人才队伍的大学生，要注重提升其农业生产经营的知识技能水平,充分利用青年大学生学习能力和知识吸收能力强的优势,增强他们的经营生产能力,给他们政策优惠和补助,为他们解决后顾之忧,吸引更多的大学生加入到农村建设的队伍中来。改善区域不对称状况,加强东西部、南北沿海与内陆的相互沟通与交流。改善年龄结构,建立相应的激励机制,加大培训宣传,不断为农村生产经营人才队伍吸纳更多有用人才。

4. 培育提升农业职业经理的技术知识

培育农业职业经理人的基本能力,培育他们善于观察的能力、电脑操作能力、市场调研能力、写作能力、谈判能力、社交能力、应变能力、产品质量辨识能力等,农业职业经理人需要针对所从事的农业分类具备不同的专业知识与管理知识。例如,设施农业中的果蔬种植、畜牧养殖等需要的人才要求越来越高,要求他们掌握商贸知识、财务会计知识、经营管理知识、地理状况知识、信息技术应用知识、市场行情知识、商品技术知识、贸易往来知识、金融知识、法律和农产品知识等。

5. 培育新型职业农民的思想素质

培育思想素质,包括他们的政治素质,职业道德素质,要诚实守信,维护客户利益,依法经营,服务群众,勇于开拓创新,还要有健康的心理素质,自信心强,心态平静,热情豁达,有坚韧不拔的精神。市场观念强,善于捕捉最新的市场信息,有服务大局意识,爱岗敬业,诚实守信,管理决策果断魄力十足,有冲锋陷阵的闯劲,健康的体质,经得起风风雨雨。

第四节 葫芦岛市建昌县农民脱贫成果

党的十九届五中全会审议通过《中共中央关于制定国民经济和社会发展第十四个五年规划和二〇三五年远景目标的建议》,首次明确提出，要"实现巩固拓展脱贫攻坚成果同乡村振兴有效衔接"。习近平总书记曾经多次强调，"脱贫摘帽不是终点，而是新生活、新奋斗的起点"。这是对脱贫攻坚有效衔接到乡村振兴提出的最现实希望和对美好生活的更高要求。

一、稳定财政投入力度

加强扶贫项目资金管理和监督。加强扶贫项目资金资产管理和监督，确保公益性资产持续发挥作用、经营性资产不流失和不被侵占。贫困地区脱贫摘帽以后，整体发展水平仍然较低，自我发展能力仍然较弱。要保持财政投入力度总体稳定，持续巩固脱贫攻坚成果，推进脱贫摘帽地区乡村全面振兴。加强对扶贫资金的监督管理。避免扶贫资金存在跑冒滴漏，要减少中间环节，使扶贫资金能够直接点对点，上级拨付专项扶贫资金，尽可能减少中间不必要环节，这样可以提高扶贫资金的使用效率，到项目和到农户的扶贫补助资金由拨付单位直接下发到项目主体手里，如果有中间环节最好就是监管，不要直接参与和干涉资金的使用。在资金监管机制上，着重强化地方监管责任，健全公告公示制度，构建全面监管体系。切实使资金直接用于扶贫对象，让发展成果更多更公平惠及扶贫对象。强化其在资金使用和监管中的责任，逐步建立分工明确、权责匹配、管理到位的资金监管体系。另外，协调金融贷款，引导资金雄厚的企业或个人投资入股开发建设，采取爱心捐助、成立农村资金互助社、招商引资等投融资方式，确保脱贫地区资金投入稳定，给农民吃上定心丸。

二、建立健全帮扶机制

第一，重点帮扶，激发内生动力。脱贫摘帽晚的地区集中了大部分的相对贫困人口，因为脱贫摘帽时间较晚，根基还不够牢固，发展水平相对较低，缺乏自我帮扶能力，要对乡村振兴重点帮扶地区给予集中支持，增强其巩固脱贫成果及内生发展能力。巩固"两不愁三保障"成果仍需持续用力，产业扶贫和易地扶贫搬迁的帮扶成效还不稳定，巩固脱贫攻坚成果的任务仍然比较重。要健全防止返贫监测和帮扶机制，对脱贫还不够稳定的户、处于边缘容易导致贫困的户开展常态化监测预警，建立健全快速发现和响应机制，及时纳入帮扶政策范围。

第二，对口支援，增强帮带作用。做好易地扶贫搬迁后续帮扶工作，加强就业产业扶持和后续配套设施建设，确保搬迁群众住得下、能融入、可致富。坚持先富带后富，坚持和完善东西部协作和对口支援。

第三，社会参与，加强资源合力。坚持社会力量参与帮扶等机制，进一步优化结对帮扶关系和协作帮扶方式。设法实现内外资源互动共同发力，要实施扶贫供给侧改革，整合扶贫领域的人力、物力和财力资源，包括驻村书记、扶贫产业项目、扶贫资金，这一系列资源要合理整合起来，多方出力，发挥合力，用外部资源来激活内部资源，达到精准。扶贫干部要实地调查清楚，对本地区所处的一个周边自然环境、人文条件基本相似的地理区域内，有效地利用有限的人力、物力、财力以实现优化组合，因地制宜利用原有资源翻新改造，不断创新，优化资源配置，有进有退、有取有舍，一地一品形象包装，加强城乡间资源交流互补，使城乡农村资源互通有无，减少中间环节，在一定程度上降低生产成本，提高产量和质量，解决农产品在生产和消售上的障碍问题。

三、推动葫芦岛市特色产业可持续发展

推动特色产业可持续发展，注重扶贫产业长期培育，扩大支持对象范围，延长产业链条，抓好产销衔接。因地制宜打造农村特色产业、新兴产业，从无到有，合理规划产业结构。营造现代产业气息，产业兴、一切兴，培育产业大户，使之起到领头羊的

作用。引导筹划乡村旅游产业，合理利用地方特有资源，建立可持续发展的产业体系。

建立脱贫攻坚的长效机制。首先就要根据葫芦岛市不同贫困地区的资源和产业发展的条件，因地制宜选择、科学选择特色产业，并且特色产业一定要走差异化的道路，要通过加强科技支撑，走品牌化、高端化、高质量发展的道路。通过"公司+农户+基地+党建"等不同的形式，使得贫困地区构建起具有明显的地方色彩的又具有品牌化的产业体系。同时加强市场组织体系建设，把贫困户和龙头企业的利益联结机制构建起来，特别是在这一个过程中，一定要发挥科技的引领和支撑作用。

四、健全农村社会保障和救助制度

农村低收入人口受身体素质、职业技能、家庭负担、发展环境等因素制约，获得发展机会、资源要素的能力较差，如果没有政府和社会帮扶，收入增长和生活改善难以跟上全社会步伐。要健全农村社会保障和救助制度，以现有社会救助和社会保障体系为基础，健全农村低收入人口分类帮扶机制。特别是对建档立卡贫困户中完全丧失劳动能力或部分丧失劳动能力、无法通过产业就业获得稳定收入的人口，要应保尽保、应兜尽兜，切实保障他们的基本生活。

不断的加强管理技术的应用，进一步建好大数据平台，用科学的方法及时准确掌握需要扶贫和救助的对象。发挥好积极作用，通过大数据平台，要能够静态的把贫困户的信息在上面体现清清楚楚，还需要动态的大数据平台，把已经脱贫的贫困户在大数据平台上及时的退出来，把因病因灾因学等不同原因返贫的贫困户在这个平台上也要能够及时的反映出来。这就要求大数据平台一定要建好。要不断优化贫困户的信息网络系统，要把贫困户的基本资料，特别是变化的情况，在这一个平台上，能够清清楚楚的显示出贫困户的信息，又能够追踪考核评估于一体。

2019年年底，建昌县已经摘掉了贫困县的帽子，而脱贫攻坚作为实现全面小康社会任务目标依然是经济社会发展的重中之重，就目前而言，已经基本消除了绝对贫困，全面建成了小康社会。但农村相对贫困还依然存在，结合医疗卫生、教育养老、收入就业等与周边县区的农村相比还具有一定差距。因此，为了建成小康社会不拖后腿，防止致贫返贫，坚决巩固脱贫攻坚成果，务必寻找一条让农民更加富裕的新思路。

1. 脱贫情况

脱贫攻坚自宣战以来，上下联动，中央到地方各级政府高度重视，制定出台了一系列政策措施，贯彻精准扶贫战略思想，取得了阶段性成果的同时也遇到了一些问题和阻碍。

（1）脱贫攻坚整体上已经取得了决定性成就

贫困县脱贫摘帽后已经基本解决了农村绝对贫困，农民生产生活对比过去普遍有了大幅度改善和提高，现代科技提高了生产力水平，生活相对安逸，逐渐达到了"两不愁、三保障"的要求。食品安全、绿色环保、出行便利、健康美丽都相应地有了大幅度提高。贺杖子乡是建昌县位于西南方向最小的一个乡，全乡户籍人口6 509人，下辖5个行政村，在建昌县属于贫困乡村，经过干部和群众几年的共同努力，脱贫攻坚取得了可喜成就。全乡贫困户达到光伏产业覆盖，入户式光伏发电带动184户贫困户，扶贫电站带动100户贫困户，县级光伏扶贫统筹带动36户贫困户，碾房村和押宝山村电站带动26户贫困户，共计带动356户贫困户；与国恒养殖专业合作社、刘金刚养驴合作社和国友养鸡专业合作社合作，通过养殖大户带动贫困户共36户；种植流转土地400亩，其中250亩种植有机谷子、150亩种植油葵，带动贫困户5户；金融贷款补助帮扶25户贫困户；全乡危房改造总计翻建D级危房74户，翻建D级水毁房屋19户，维修C级危房54户，维修

C级水毁房屋40户，截至2021年6月份完工的D级翻建危房7户；补助职业教育学生10名，共计3万元，"两小"补贴244户；全乡安全饮水全部达标，目标值为100%；人均收入均能达到国家现行标准，贫困发生率低于2%；村集体经济收入均达到5万元以上，新型农业经营主体达到了全覆盖；每个村均有60平方米村卫生室，村医均有资格证书，诊室、药房等各室完备；均有配备相应器材设备、硬化广场、满足群众基本文化要求的综合性村文化服务中心；生活用电、广播电视和网络宽带达到全覆盖；通村公路贯穿全村，村组间道路全部达到硬化，街巷路硬化率达90%以上。全乡整体完成了"一超过、两不愁、三保障"的任务目标。通过精准扶贫，形成了专项扶贫、行业扶贫和社会扶贫的大扶贫格局，使农村贫困人口大幅减少，农村贫困人口可支配收入大幅增加。绝大多数老百姓的思想观念都有了转变，以前上级派人来扶贫，那就是多多少少的想要点东西，现在都觉得伸手要东西不是一件光荣的事，靠自己的努力、靠自己的奋斗、靠自己干，那样得到的东西才觉得快乐、才觉得有意思。

（2）现阶段农民富裕程度还存在一定差距

经过实际调查，本县域内农村实际取得的成果也并不是一劳永逸的，经过对比不难发现会有不定期的动态变化，致贫、返贫现象时有发生，另外有些乡村脱贫也存在泡沫性，存在不固定因素。所以，巩固脱贫成果面临不小的挑战，农民生活水平在一定程度上还不够富裕。

从生产上来讲，第一，第三产业乏力，缺乏后劲。农村第一产业种植业弱化，种植业收入在家庭收入中平均占20%，现代化农业占比不高，在总量中占5%，养殖业成规模还不够多，占农产品总量不足15%，龙头企业少，不到1%，没有形成一定数量的标准合作社模型和农民有规模庄园，产值低，尤其是体现农产品附加值低，市场运行链条短；第二，第二产业没走出低谷，资源显示不足，体量小，后生力量匮乏。加工业制造业等产品单一，数量少，采矿业资源枯竭，生产主体逐渐减少，工业经济总体发展态势不容乐观，规模以上工业以采选业、冶炼、热力生产、水泥制品、石灰石开采为骨架的工业体系，总体呈现下滑趋势，2019年1—6月，建昌县实现总产值8.1亿元，同比下降0.9%，规模以上工业实现增加值1.9亿元，同比下降1.0%，分别低于葫芦岛市其他县区。建昌县15家规模以上工业中，只有9家企业工业总产值高于去年同期，其他6家企业低于去年同期，下降面为40%。其中人才、资金、技术、产品、设备、物流、仓储等匹配不到位不充足，相对不平衡现象突出。产品更新换代的少，对消费者没有吸引力，外来替代产品多为现代先进产品，行业竞争日趋激烈，本地工业产品失去优势没有竞争力；第三，第三产业不够丰富，质量不高，后续服务不到位，缺乏监管。服务业不健全，服务意识落后，零售业传统的多，新兴产业少，质量跟不上，电子商务覆盖面小，物流兴起慢。

从劳动力就业来讲，人力相对充足，年龄结构不合理。年轻人在本地创业的少，出外务工的多。另外，有劳动能力的老年人固守田园只从事传统种植业，收入作用微不足道，面临返贫危险，其中新开岭乡29户、头道营子乡33户、要路沟乡25户、魏家岭乡35户、贺杖子乡27户。有知识有技能的人才基本上背井离乡，定居在外。从这些现象来看，农村仍然定居在本地的居民知识水平层次较低、技术不精，收入水平相对较低，生产乏力，本地就业渠道少，人才流失、人口老龄化严重。还有绝大多数农户依靠国家困难补贴、低保救济过日子，5个乡镇的低保人数占比较高。

从投资消费上来讲，农民涉及吃穿住行、健康养老和教育儿女等消费方面还力不从心。医疗上，农村合作医疗个人缴费对于农户每年的微薄收入占比不小，没有完全做到应交尽交，大病致贫现象还有；卫生环保还不达标，生活垃圾管理没有落到实处，建成的垃圾池形同虚设，厕所革命不彻底，新建的水冲式厕所为数有限，多数为简易的旱厕，个人支付卫生投入能力还很有限，饮用水还不十分安全，分散自然取水还存在，自来水没有户户通，多数为自家安装水泵抽水用来饮用；教育支出占比很高，幼儿教育多为民办，公办幼儿园在多数乡镇还不健全，家庭条件差点的孩子干脆在家自由放养，义务教育阶段各项费用很多家庭也难以为继，学习材料费昂贵繁多，绝大多数农户儿女读完大学都得背负债务，家庭难以支付。

从农村养老上讲，老人留守在家，基本自立更生，儿女很少有能力负担，生活质量低下，有头痛脑热根本也支付不起药费，鳏寡孤独依靠国家救助的低保维持生计，还有部分属于遗漏，生活困难；住房上有婚龄儿女的，特别是为男孩子的家庭为娶妻成家不得不从城市买楼房，女孩子向男孩子索要彩礼数额巨大，造成男方家庭债台高筑，除此之外就是年久失修的寒舍也是存在的。

2. 贫困原因

（1）思想固步自封

这既有干部的原因，也有贫困户和贫困人口的原因。要么传统思想严重、固化守旧、不解放、不前位，要么浮躁不务实。对干部而言，有的扶贫思路从长效上考虑不足，只注重眼前；有的认为别人没做过或是没做好的事情，自身也不能做或是做不好，不敢创新，不愿尝试。对于贫困户而言，内生动力不足，他们认为精准扶贫和精准脱贫是各级领导干部和政府的事情，跟他们自身没有多大关系，他们也从来不思考为什么贫困，贫困已经似乎常态化和习惯性，缺乏脱贫攻坚的信心和思路，有的不思进取，养成"等、靠、要"懒惰思想，这些已经形成了多年来脱贫攻坚难啃的硬骨头，特别是文化很落后，接受外部文化资源的能力很差，从而造成思想禁锢，贫困户脱贫致富的主动性、积极性、创造性很难调动起来。

(2) 人口越来越少

外流严重，农村一部分家庭定居在外，一部分人口务工在外，因为在外就业机会多，收入相对留在本地要高得多。还有婚龄女性几乎都选择嫁到城里去，以此试图脱离贫困的家乡。外地求学、毕业后直接工作在外，平时居于本地人口少，生活气息淡化，留于本地的知识技能人才更是缺少；劳动力逐年减少，人口老龄化严重，人才供给侧与需求侧趋于不平衡，破坏了人口结构合理化。

(3) 可利用资源不足

居住地相对偏僻，道路交通不发达，交通比较落后，信息较闭塞，有劳动能力而没有产业覆盖，得到外部资源的支持力度不够，原始资源有闲置，启用改造有壁垒，新生少，更新差，再生不多，资源互补性差、可替代性缺乏。

(4) 基础设施薄弱

老化多修缮少，设施不齐全、不符合时代要求，即使有些设施较充分，基本上是规定动作，自选动作几乎没有。道路修好了，没有人维护保养，很短时间就被破坏了；文化广场建好了，有的只是走形式，距离居民区较远，平时也没有人去健身娱乐；图书室有了，平时也是空空如也，没有读书人，没有人引导形成文化氛围。基础设施没有因地制宜，哪个村需要什么和适合什么缺乏规划建设。

(5) 政策有待深入理解

有的扶贫干部心浮气躁或急功近利，从长久上考虑不足。政策有时鞭长莫及，倾斜力度小，部分"三农"政策落实不到位，政策沾光少，供给侧失衡，缺乏调剂。

(6) 资金不足

扶贫资金存在"跑冒滴漏"的问题，现实中对扶贫资金的挤占、截留或挪用、特别是贪污也不同程度的存在，本来扶贫资金不足就更显不足。金融信贷难，限制条件多而复杂，干部可能有的又缺乏协调沟通能力，遇到阻碍停滞不前，不想法子，不找渠道。特别是面对突如其来的风险抵抗能力差，不堪一击。

(7) 产业化单一

缺少新兴产业和特色产业做支撑，传统产业乏力，没有依托地方人文地理独特优势打造出具有地方特色的产业项目来，杂粮和蔬果缺少品牌化发展，稍微有些名声却包装不够闪亮。产品雷同，同质化严重，同样类似的产品多家生产，多家加工，造成内源式竞争，最终导致良莠不分，真假难辨，假货或以次充好现象发生，打乱正常市场竞争秩序，破坏品牌化发展格局。产业基础薄弱，趋之若鹜，不乏跟风式上马现象，缺少市场调研，没有遵循供求关系，产品产销不能协调，供给与需求不能更好的平衡，市场竞争没有优势。

3. 实施对策

多年来，建昌县为国家级贫困县，能够响应国家脱贫攻坚政策，经过上下齐心和多方努力，已经摘掉了贫困帽，实属不易，探究出行之有效、能够解决农民脱贫摘帽后更加富裕的具体方案和措施是当前区域经济发展任务的重中之重。

要想让农民真脱贫，脱真贫，应该实实在在的弄懂扶贫政策、扶贫干部和扶贫对象的关系，也就是彻底解决扶持谁、谁来扶和怎样扶的问题。其中，最重要的是人的因素，就是对扶贫干部的严格要求，因为扶贫干部在中间发挥着重要的引领作用，务必吃透政策，懂得百姓，了解百姓最需要什么，理解百姓的难处是什么，劝解百姓应该做什么。干部要两头兜底，一头是兜住上级政策的底，二是兜住百姓心里的底，两头都要"精准"，才能做到贫困精准识别、有的放矢。前提是扶贫干部也是精准选中的、是优秀的，是思想过硬、本领高强、作风优良、勤劳务实、心系百姓的好干部，真正由精准扶贫到精准脱贫的升华。

(1) 领导干部要转变思想

思想引领行动,先进的思想能让人们向正确的方向前进。

第一,干部要视野开阔,思路广阔。因为不同的贫困户致贫的原因不同,有的贫困户是因为缺劳动力,而有的贫困户有劳动力,但是他没产业。有的贫困户是因病致贫,有的贫困户是因学致贫等等。所以不同的贫困户致贫的原因不一样,我们在帮扶的时候,就要一户一策有针对性的帮扶,相应的因人因户制定帮扶措施,转变过去一刀切、一个办法管一片的作法。目的只有一个,就是想方设法地增强贫困户的发展能力,让他们对脱贫致富有信心,对致富有思路,对致富治贫有办法。

第二,干部要勇于担当作为,身体力行感染百姓,树立一心为民的思想。有些贫困户由于家境清苦,或多或少遭到亲戚朋友的冷落,所以扶贫干部将他们当作亲人关心,用真心换真情,帮助他们树立信心,还有些贫困户可能因为家庭变故,心灵创伤,需要党员干部给他们做好心理疏导,用真情温暖他们伤痛的心,早日走出心理阴影,党员干部要进村入户,走近帮扶群众中间,了解群众生活实际状况,积极主动帮助他们分析致贫的原因,研究脱贫致富的途径和办法,只有看到真实的情况,了解群众地真实想法,才能拿出切实可行的对策和措施,真正将工作做到群众的心坎上,将温暖送到群众的心窝里。总之,干部要真正付出情感和力量,把贫困群众的事当作自己的事来办,才能产生不一样的效果,才能让贫困群众真正拔掉穷根。干部还要改变群众落后的思想观念,多渠道多方式增强接受新思想的能力,可以以送课下乡的形式,送思想、送智慧、送知识、送技能。真正从旧的束缚中解脱出来,树立创新思维,激发开拓进取精神,强化健康绿色环保观念。

第三,工作还需要加强,取得了阶段性成绩也不能提前庆功或松劲懈怠、精力转移。防止工作重点转移、投入力下降、精力分散，遏制形式主义、官僚主义，防止数字脱贫、虚假脱贫的现象发生，要激发贫困群众昂扬斗志，激活发展内生动力。用丰富的工作形式助推脱贫攻坚，创新工作方法。方法决定成败，好的方法，科学的方法一定会掷地有声。

第四，做好扶贫工作，务必做好调查研究。充分了解群众所思所想所盼，绝不能想当然和主观臆断。脱贫攻坚不止要扶贫，有时也要"抚心"，要是弄清楚这个顺序，心抚慰好了，扶贫也就顺理成章了。有的农民确实存在生活单调、孤寂和不求进取的心理而导致贫穷，所以要暖心，给予贴心关怀，家政服务、心理梳理和政策讲解，让他们精神振作，有劳动能力的贫困户要自食其力，依靠他们的双手创造财富。扶贫要"志智双扶"，变"输血"为"造血"。贫穷是一样的，原因是不一样的，方法更是多样的，需要广大扶贫党员干部开动脑筋想方设法，创新路子做到真扶贫，扶真贫，扶出效果，与贫困人口一条心一个信念一个行动。

（2）政府应重视文化建设和人才培养

第一，要用文化育民。把先进的文化理念传授给贫困人口，培育他们的"志"和"智"，不断的增强贫困群众的自我发展能力。要他们掌握技术，而且有可能要掌握好先进的种植养殖技术，这需要在文化育民上下一番苦功夫。

第二，要用文化惠民。农村贫困地区往往是文化比较有独特味道的地方，可以通过把文化资源转化为文化经济，贫困户又能够得到实实在在的实惠。可以在贫困乡村绘制一张文化地图，地图上绘出来哪个村什么文化干什么，哪个村什么文化干什么，老百姓怎么受益从文化地图上可以一览无余。

第三，要用文化富民。通过文化使贫困户不断地走上脱贫致富的道路，这就需要扶贫干部不断的创新文化富民的方式，总是在想方设法。

第四，要开展文化交流互动。在文化的互动上要有突破，现代文化和本土文化的互动，本土文化应该以更包容、更宽容的姿态来接纳现代文化。现代文化也应该以比较低调的方式进入到本土文化之中，互相取长补短，使贫困地区的文化魅力发挥作用，从而筑牢脱贫攻坚的文化根基。

（3）政府应整合内外资源，加强资源流通

设法实现内外资源互动、共同发力，实施扶贫供给侧改革，整合扶贫领域的人力、物力和财力资源，包括驻村书记、扶贫产业项目、扶贫资金，用外部资源来激活内部资源。扶贫干部要实地调查清楚，对本地区所处的一个周边自然环境、人文条件基本相似的地理区域内，有效地利用有限的人力、物力、财力以实现优化组合，因地制宜利用原有资源翻新改造，优化资源配置，有进有退、有取有舍，"一地一品"形象包装，加强城乡间资源交流互补，使城乡农村资源互通有无，减少中间环节，在一定程度上降低生产成本，提高产量和质量，解决农产品在生产和消售上的障碍问题。

（4）政府应强化基础设施建设

加大农村基础设施建设，路网、水网、能源网、通信互联网，加快现代信息化建设，扩大无线网络覆盖面，搭建电商网络平台，争取4G网络要全覆盖并预设5G网络，发展生态亮化工程，居家养老和休闲养生工程，集中居住附属工程。建设文化广场和农民书屋，根据村民健康状况和文化层次需要完善配套设施，让农民身心得到休养，文化有所丰富和增长，真正达到健身有去处，读书有场所，创新创业有空间，引导农民喜爱读书、愿意健身，营造出勤劳致富的浓厚文化生活氛围。

（5）基层应落实好政策

精准落实"三农"政策，加大政策支持力度，顶层设计与基层执行环节相结合，不一刀切，不让基层的同志毫无操作的空间。上级层面的顶层设计，一定要和基层执行的环节相结合，给基层的同志们有一定的自由度,但是这个度到底是空间多大,要经过调查研究来确定。不同的贫困户合理需求是不一样的,一定要因需施策。针对贫困户的需求来制定行之有效的地方政策,有的需要产业帮扶、有的需要教育帮扶、有的需要医疗帮扶。逐步完善制度,消除政策制度的局限性。不断的完善兜底的措施,针对于兜底的贫困群体,对不同的救助对象实施不同的保障制度,救助对象不一样,保障制度也不一样。把制度的瑕疵逐步消除掉,避免扶贫资源浪费,科学合理地进行成效评估,避免层层加码和形式主义,除了第三方评估之外,还有行业扶贫、专业扶贫、社会扶贫成效评估。因地制宜打造地方特色,加大乡村振兴建设实施力度,加快美丽乡村建设步伐,坚持脱贫摘帽不减帮扶,强化政府正确导向、公共服务意识和防灾减灾能力,维护食物安全、生态安全、文化安全。

(6) 政府应完善配套资金管理

首先,协调金融贷款。引导有钱人投资入股开发建设、爱心捐助,成立农村资金互助社,招商引资等。干部既要坚持原则,又需要脑筋灵活,加强综合协调能力。其次,加强对扶贫资金的监督管理。避免扶贫资金存在"跑冒滴漏",要减少中间环节,使扶贫资金能够直接点对点,比如,上级拨付专项扶贫资金,尽可能减少中间不必要环节,这样可以提高扶贫资金的使用效率,到项目和农户的评估资金由县直接到项目主体手里,如果有中间环节最好就是监管,不要直接参与和干涉资金的使用。

(7) 做好产业创新和信息建设

因地制宜打造农村特色产业、新兴产业,从无到有,合理规划产业结构。营造现代产业气息,产业兴、一切兴,培育产业大户,使之起到领头羊的作用。引导筹划乡村旅游产业,建立可持续发展的产业体系,建立脱贫攻坚的长效机制。首先,根据农村不同贫困地区的资源和产业发展的条件,因地制宜选择、科学选择特色产业,并且特色产业一定要走差异化的道路,通过加强科技支撑,走品牌化、高端化、高质量发展的道路。农村要想彻底改变,关键是要走现代产业发展之路,只有从农村实际出发,发挥本地优势,建立起有规模、可持续发展的现代产业链,才能从一家一户式的脱贫走向集体脱贫致富,也才能从根本上防止因为一时的小风小浪而集体返贫。随着我们的国家富起来,人均经济收入提高,全社会尤其是城市人群对日常生活服务的需求越来越高,越来越多样,这就给第三产业的发展提供了前所未有的巨大机会。目前,第三产业的发展已成为世界经济发展的潮流,第三产业在国民经济总量中所占比重已成为衡量一个国家或地区现代化发展水平的重要标尺之一。当下,辽西相对落后的农村必须趁势而上科学、理念、智慧的较量也正是地区间发展水平的较量,打赢脱贫攻坚"最后一公里"阵地战,务必精准产业项目,实现全面提升致富途径。最重要的是家乡整体村容村貌的改变。通过"公司+农户+基地+党建"等不同形式,使得贫困地区构建起具有明显地方色彩又具有品牌化的产业体系。同时加强市场组织体系建设,把贫困户和龙头企业的利益联结机制构建起来。在这一个过程中,发挥科技的引领和支撑作用,不断的加强管理技术的应用,进一步建好大数据平台。通过大数据平台,能够静态地把贫困户的信息体现清楚,还能够把已经脱贫的贫困户在大数据平台上及时的退出来,把因病、因灾、因学等不同原因返贫的贫困户也要能够及时地反映出来。这就要求大数据平台要不断优化贫困户的信息网络系统,要把贫困户的基本资料,特别是变化的情况,在这一个平台上,能够清清楚楚地显示,也能够实现追踪、考核、评估。

第五节　葫芦岛市实施乡村振兴战略的新探索

葫芦岛市在乡村建设的道路上,认真贯彻落实中央方针,做过大量有益的探索，重点围绕两个方面：一是加快推进农业现代化；二是大力实施乡村建设行动。葫芦岛在乡村振兴的征途中未来将会展现出可喜的变化，呈现出生机勃勃的新景象。

一、加快推进农业现代化

1. 重视粮食安全

习近平总书记指出要把中国人的饭碗牢牢端在自己手中。葫芦岛市政府和人民群众都积极响应党中央号召，全市这几年粮食连续丰收，使得全市粮食生产和销售处于一个平稳时期。但是，耕地减少，污染严重、外资并购、谷贱伤农等一系列问题在一定程度上依然摆在我们面前。

2. 注重种子培养

葫芦岛市虽然在辽宁是比较小的地级市，但葫芦岛市在辽西这片区域从农业生产来讲也是有举足重的作用。种业是比芯片行业更紧急的隐形博弈，包括粮食种子、蔬菜种子还有其他畜禽种子。因此，我们要解决粮食的安全问题，还要提高自给力、提高市场的控制力、提高创新能力，种子、化肥、生产技术都要创新，务必重视种子的重要性，要打好种业翻身仗。葫芦岛市有很多种业，种子成本占农作物种植总成本比重低。

3. 守住耕地红线

葫芦岛市对守住耕地红线高度重视，严格控制耕地转为林地、园地等其他类型农用地；加大粮食主产区高标准农田建设投入，建设旱涝保收、高产稳产高标准农田。城市化推进过程中，大力防范城市在扩容、发展中，城市周边的田地被占现象，防止出现粮食安全问题。

4. 强化现代科技

协调农业高校对口支援乡村振兴，提供智力服务；与上级科技部门进行沟通争取用科技来支援乡村振兴。组建科技特派员队伍，加强农业科技社会化服务。在丘陵山区不能光靠人力，要提高农机装备水平，提高机器的适应能力，与农机具厂商进行有效联合。不定期邀请农业专家进行集中讲座和动物防疫、农作物病虫害零距离防治指导，提高防控能力。

5. 构建现代农业产业体系

实践证明，粮食、生猪、蔬菜、水产品等农产品经过初加工和精深加工可增值1~5倍，如果品牌化，增值就更多。所以，产品经过加工就形成一种产业，构建现代乡村产业体系，重点就是一二三产业融合发展，而且着重强调要打造农业全产业链，把产业链主体留在县城。现代农业是完整的农业产业链，是从田野到餐桌的一二三产业融合。

农业的主体产业包括农业生产、食品加工、生物制药、休闲旅游等；关联产业有机械制造、仓储物流、信息网络、电子商务、涉农服务、新能源、包装材料等。

实施乡村振兴战略的目标是农业农村现代化。要实现乡村振兴，必须弱化农民的身份，今后的农民将不再是一种身份，而是一份职业。农业也不再是单纯的农业生产，而是向精深加工、休闲观光、农耕文明体验等更高端的产业链条延伸。一二三产业融合，是拓展农业功能、拓展农民就业空间和让农民分享农业增值利润、促进农民增收的重要手段。

6. 推进生态发展

葫芦岛市有些地区已经尝试过土地的休养，部分农民真正懂得了土地的生命特征，所以，黑土地保护，要制定耕地休耕轮作制度，还要推进化肥农药减量增效。农膜要生产可降解的，避免破坏环境。渔业也要在保护中开发，水土流失、土壤污染防治、地下水保护等方面也要出台政策，继河长制后继续推行湖长制、林长制。山水林田湖草都要保护，逐步恢复自然生态。

7. 推进现代农业经营体系建设

突出抓好家庭农场和农民合作社两类经营主体，鼓励发展多种形式适度规模经营。葫芦岛市连山区沙河营乡就是把农业规模经营户发展成家庭农场，此外，大力发展农民合作社，支持农业产业化龙头企业做大做强的典型事例。开展生产、供销、信用"三位一体"的综合合作试点，全面提高农民素质，吸引各方面人才到农村参与乡村振兴和现代农业建设。就是把全市各行业融合起来共同发展，全力支持乡村振兴。全面推进现代农业经营体系建设。

二、大力实施乡村建设行动

1. 村庄规划工作

近几年，葫芦岛市重点打造村落建设，以特色为根本，依托现实，比如葫芦岛绥中县加碑岩乡辽西第一党支部和该乡的王家店村上洼古村落在辽西这片土地上享誉盛名。对现有村庄进行合理规划整合，能拆的拆、能合的合，但保留了乡村特色风貌，不搞大拆大建。不断进行农村住房安全隐患排查，继续实施农村危房改造工程，保护传统村落、传统民居和历史文化和名村名镇。

2. 基础设施建设

葫芦岛农村的基础设施建设随着乡村振兴建设的开展越发完善。农村基础设施，重点包括农村公路建设、道路桥梁安全隐患、道路交通安全监管以及农村供水保障等。葫芦岛不断推进农村电网建设，支持乡村清洁能源发展，推行燃气下乡，支持农村建设安全可靠的乡村储气站和微管网供气系统建设还有一段距离。推行移动通信网线下乡村，光网建设与城市同步，建立农业农村大数据，推动新一代信息技术与农业生产经营深度融合。加强村级客运站点、文化体育、公共照明等服务设施建设,有路灯、广场、公园、绿地,这些多数农村已经达到。未来的农村,一定是公共化服务均等,有着城市一样的服务。

3. 人居环境整治

近几年,葫芦岛市环境整治下大力度,对农村人居环境进行综合整治,重点是厕所改造、污水处理,生活垃圾分类处置,都不同程度有了改善和提高,鼓励有条件的乡村推行城乡环卫一体化第三方治理,把居民生活垃圾全部由专业公司来处理,从而建成美丽宜居的村庄和美丽庭院的乡村。

4. 基本公共服务

基本公共服务包括教育、就业、医疗、养老等。城乡公共资源要均衡配置,城市有的乡村也要有,农村基本公共服务供给县乡村要统筹考虑,逐步实现标准统一、制度并轨。

葫芦岛市正在提高农村教学质量,建设乡村的幼儿园,改善乡镇寄宿制学校办学条件,对于农村有规模的小学,要保留并办好;争取在县城和中心镇新建改扩建一批高中和中等职业学校。对有就业创业需求的农民,发展职业技术教育与技能培训,建设一批产教融合基地。与涉农高校、涉农职业院校、涉农学科专业要下力气联合办教育基地。

乡村医疗方面,要推动乡村医生向执业(助理)医师转变,采取派驻、巡诊等方式提高基层卫生服务水平。提升乡镇卫生院医疗服务能力,选建一批中心卫生院。加强县级医院建设,持续提升县级疾控机构应对重大疫情及突发公共卫生事件的能力。

养老方面,要加强对妇幼、老年人、残疾人等重点人群健康服务,推动公共就业服务机构向乡村延伸,完善统一的城乡居民基本医疗保险制度,合理提高政府补助标准和个人缴费标准,健全重大疾病医疗保险和救助制度。推动城乡居民基本养老保险发展，推进城乡低保制度统筹发展，重视对特困人员的供养服务。对农村留守儿童、妇女、老年人以及困境儿童要有所关爱。健全县乡村三级养老服务网络，在农村也要建设一批村级幸福院、日间照料中心等养老服务设施，发展农村普惠型养老服务和互助性养老。

5. 促进农村消费

葫芦岛市扶持有能力的农民在家门口开小型超市、电商物流服务点、流动车载超市等，为农民就近消费创造有利条件。在村村通硬化路的基础上进一步实现自然小组通硬化路，方便农民购物和出行。

6. 城乡融合发展

统筹县域产业、基础设施、公共服务、基本农田、生态保护、城镇开发、村落分布等空间布局，强化县城综合服务能力，把乡镇建设成为服务农民的区域中心，实现县乡村功能衔接互补。还要壮大县域经济、培育支柱产业。加快小城镇发展，完善基础设施和公共服务，充分发挥小城镇连接城市、服务乡村的作用。推动在县域就业的农民工就地市民化，鼓励地方建设返乡入乡创业园和孵化实训基地，以便能让更多回乡人员，能够开创自己的产业，为地方经济发展做贡献。

7. 优先发展投入

加大对县域的金融机构的支持力度，推动农村金融机构服务农村。鼓励银行业、金融机构建立服务乡村振兴的内设机构，银行要设立专门的服务农业项目贷款的部门，专款专用，专门为农村农业项目服务。鼓励银行支持新型农业经营主体和农村新产业，增加贷款，对农业农村这种基础性设施要进行中期和长期的信贷。

8. 推进农村改革

葫芦岛要研究加强宅基地管理，稳妥慎重地推进农村宅基地制度改革试点，探索宅基地所有权、资格权、使用权分置有效实现形式。制定出保障进城落户农民土地承包权、宅基地使用权、集体收益分配权，研究制定依法自愿有偿转让的具体办法，最大限度地保证农民收益。

三、葫芦岛建昌县乡村建设经验

在当前辽宁振兴发展中，农村全面实施乡村振兴战略，要坚持把"三农"问题解决好。针对辽宁西部地区农业还不发达，农村还很落后，农民还不够富裕的现实，特别是葫芦岛市建昌县刚刚摘掉贫困县的帽子，要实施乡村振兴战略，基础还很薄弱，务必实行土地规模化经营，推进土地流转速度和范围，畅通信息渠道，提高科技水平，加强政府引导和服务化水平，贯彻新发展理念，以此加强农业农村现代化建设的步伐。

1. 环境转变

过去，葫芦岛是经济发展相对落后的地区，地处辽西北国家重点扶持范围内，国家扶持力度一直不小，包括政策优惠、人才培养、资金倾斜、项目引进、科普下乡村等活动，通过人财物等资源有效整合。截至2020年各县相继摘掉了贫困县的帽子，真正解决了绝对贫困的问题，实现了全面建成小康社会的整体目标，人均收入整体实现贫困线以上的收入水平，比1978年人均农村农民收入增加了近120倍，食品消费支出份额降低了30%，家庭耐用消费品增多并全面增长，20%以上家庭有小汽车，个别乡村达到80%以上，公共服务、教育、卫生、医疗、社会保障普遍实现全覆盖，达到了不愁吃、不愁穿，真正实现了"两不愁、三保障"目标任务。葫芦岛建昌县原来是国家级贫困县，于2019年年底率先摘掉了贫困县的帽子，农业农村面貌焕然一新，农民的生活水平提高了，对食品安全重视程度增强了，对教育水平要求更高了，对医疗卫生条件有新要求了，对基础设施建设有新的美好需求了，对住房条件改善标准有新变化了。

党的十九大报告指出，农业农村农民问题是关系国计民生的根本性问题，必须始终把解决好"三农"问题作为全党工作的重中之重，实施乡村振兴战略。建昌县县委县政府抢抓机遇，带领全县人民多措并举地举全县之力，奋力拼搏，引导农业农村搞产业发展、项目带动，在政策允许的范围内，不遗余力与企业家、农民科技带头人、农民致富带头人和科研院所联合，大胆尝试新项目、新产业，很多项目已经落地生产，取得了很好效果。

2. 发展现状

葫芦岛市农业历史悠久，百姓勤劳务实，对农业生产使用手工作业方式比较熟练，能够准确掌握季节交替和气候变化对农业生产的规律，多年来，百姓对传统农业生产积累了不少成功经验，在一定程度上能够因地制宜、趋利避害有效地发展农业生产。

（1）农业基础相对薄弱

辽宁西部农业基础相对较差。一是经营规模分散而粗放，多数是分区块的小农经济，自给自足，没有规模化和现代化，随着农业的发展和国家乡村振兴战略的提出，分散经营逐渐转向集中经营。二是农民思想还不够解放，固守陈规，不愿意接受新鲜事物，经过经济社会大环境的影响，面对新发展格局，农民的生产生活方式受形势倒逼，开始转变观念，农业向现代化发展方向前进。三是农村地域相对城区较偏僻，交通运输和出行都很不便，随着辽宁经济振兴、东北经济振兴的发展和国家"一带一路"政策的带动，铁路、公路等交通网络将会更加畅通。四是基础设施建设还相对落后，抓住承接京津冀经济区协同发展的战略机遇，加快基础设施的投入，进一步加强公共服务，适应京津冀经济区协同发展。五是自然环境保护相对较差，随着习近平总书记的"两山理论"的贯彻执行，水土保持、河流治理和植树造林等方面的收效将一年比一年凸显。

(2) 打造特色产业和农业产业链

葫芦岛杂粮有一定的种植规模，具有一定的农业生产技术推广经验。其中，葫芦岛建昌县特色农产品取得两品一标认证的绿色食品企业3家，产品4个，分别为要路沟杂粮合作社的要路沟谷子，种植面积1万亩；汤神庙镇白云食品厂山楂0.2万亩；药王庙镇邱营子绿色粮食合作社生产的高粱0.5万亩、谷子0.5万亩，均有国家证书。近年来，葫芦岛建昌县加快建设了现代乡村产业体系，快速打造农业产业链，引导农产品加工企业高质量发展，其中有养马甸子乡香菇加工企业、雷家店乡核桃油加工企业，要路沟乡豆制品加工企业等多家。

(3) 不断完善农业产业结构

从葫芦岛建昌县农业产业结构来讲，经过近几年县级领导的精心策划调整以及农民的辛勤劳作，的确形成了良好的格局，取得了一定的成果。粮食和经济作物的配置趋向合理，多元化和专业化也发展较快，与建昌县的经济发展水平大体上相适应，基本满足了城乡居民生活和社会发展的需要。但是，目前农业产业结构调整所面临的内部条件和外部环境毕竟与过去有很大不同，调整所要达到的目标已远远超出一般性的阶段要求，当前农业产业结构依然存在着许多需要改进和完善的地方。

(4) 国家惠农政策逐步落实

近年来，国家对农业的惠农支持力度越来越大，补助项目越来越多。如地力补贴，玉米、大豆、水稻生产者补贴，耕地轮作补贴，农机具补贴，乡村振兴产业发展项目补贴等。特别是在2021年还出台了针对春季农业物资价格上涨对种粮农民一次性补贴，包括玉米、大豆、水稻、杂粮、薯类种植补贴。这些惠农补贴政策的出台，降低了农业生产成本，增加了农产品附加值，给农民带来了看得见的实惠。充分体现了国家对农业的支持，对农民的关爱，对农村振兴的决心。同时鼓舞了农民种粮的积极性，坚定农民发展农业的信心，最终必将壮大农村经济。

3. 建昌县农业发展中存在的问题

（1）农业产业组织不成规模，龙头企业少

农村合作经济组织不够成熟，农村实行新的土地承包政策以后出现的新生事物，是群众自发成立的从事生产和经营的组织形式，有些地方的专业合作经济组织产权模糊，管理混乱，显得不够成熟，成为游离于农民利益之外的半官半商的组织形态，有的甚至成为农民家庭产权的直接侵害者和上级向农民伸手要钱要物要工的铺路石，没有形成带动一方农村经济发展的更高层次的产业龙头。葫芦岛市市级龙头企业一共有35家，其中，建昌县有9家，还没能形成大规模龙头企业，另外有省级示范社只有34家。

（2）农民缺乏土地流转意识，市场意识淡薄

农民思想观念落后于现实，自己的土地认为就是看家的宝贝，死死地按在自己的手里，不能把土地盘活起来。农民是种植业结构调整的主体，其自身文化科技素质和思想观念，直接影响着农业发展的要求，也影响着自身收入的水平。尽管农民整体素质不断提高，但相当部分农民对市场经济的认识仍然不足，或者误以为种地不需要懂得市场经济，导致市场经济观念不强，缺乏相应的前瞻力和判断力，甚至凭传统经验、主观意断做事。在种植生产上不注意观察市场动向、分析市场变化和价格行情，乐于跟风、随大流，导致生产出来的产品要么都涨，要么都跌。

（3）农业信息不畅通，服务体系建设滞后

农业服务体系建设滞后客观上制约了农业产业化和现代化的发展。在买方市场条件下，农产品市场竞争激烈，根据目前建昌县的农业生产特点，必须要有完善的农业服务体系强有力的支持。而目前的情况，一是市场信息的匮乏和滞后，不少地区缺乏必要的市场信息渠道，乡村所得到的信息质量不高，一般性信息多，有价值的可以供求信息少。而农民又缺少收集、加工、分析信息

的意识和能力。因此，结构调整中，简单模仿，从众现象比较普遍，产品结构的雷同，产品的同质化严重，造成产品供求的不平衡。二是技术服务体系难以适应结构调整的需要，缺乏必要的技术服务。许多地区农业技术服务体系很不健全，服务机构单一，服务内容主要还是传统产品，服务方式依然停留在计划经济时期。没有形成多种形式的社会化农牧业技术服务，农民急需的技术帮助得不到应有的服务提供。

（4）土地经营规模狭小，农业技术推广缓慢

规模化经营是农业产业化、现代化的基本特征。但是，建昌县作为农业生产最基本资源的土地，其农户平均土地经营规模仅1.5亩，建昌县与其他省内农业大县相比存在很大差距。农业土地经营规模的狭小，使农业生产率的提高失去依托。大量的、分散的小农户的单种、单收形式的存在，使农民在产前、产后、技术服务等方面同时面临极大的困难和阻碍，从而影响农业产业化以及农业农村整体现代化的顺利发展。建昌县农业技术推广有1个推广基地，有3块试验田，种植业新品种80多个，应用了10种，新技术50多种，目前应用30种。远远还不能达到农业现代化发展的需要。

（5）农业科技水平相对滞后，缺乏创新创造能力和水平

建昌县地处内陆山区，十年九旱，节水滴灌没有推广，引水灌溉工程分布不均，水利设施比较落后。农业基础设施不够完善，没有科技含量，现代化程度不高，抵御自然灾害能力差。在农作物生长期内，防风抗冰雹的设施不先进，在播种、间苗、施肥、除草、药物喷洒等劳动环节使用的工具还是比较原始落后，没有真正广泛使用现代农机具。在选种、育苗和作物生长时没有完全使用现代化科技手段和技术进行人为干预。科技人才不足，进行农业生产的多数为常年居家的老年人和妇女。通往田间地头的道路比较狭窄，直接影响农产品运输车辆的通行。

4. 实施对策

(1) 培育龙头企业

建昌县农业龙头企业主要以本地农副产品加工为主,多次在省级以上农业展览会、农业博览会中获奖。其中,金牛洞子牌绿野杂粮荣获东北四省区第五届绿博会(齐齐哈尔)畅销产品奖;金牛洞子牌绿野杂粮、要路沟牌要路沟杂粮、六股河牌真空包装鸭蛋、成洁牌绿源兔肉、锦虹牌雷家店绿色食品核桃、永成牌红枣一号、真诚牌水果罐头又荣获第三届辽宁国际(大连)农产品交易会优质产品奖。在第三届辽宁国际农产品交易会上绿野杂粮、雷家店绿色食品核桃受到农业部和省领导的关注和赞誉。因此,企业要做大做强,让已经成型的小企业争取多方面支持,加强金融服务和财税扶持,竭尽全力支持小型微型企业,使它成长起来,把企业品牌打出去,让所有企业在健康状态下逐渐成长壮大起来,尽快发展为龙头企业。

(2) 推进土地适度规模经营

一是因地制宜适度发展乡镇企业、集体经济,打造村集体经济新亮点,并与小城镇建设以及户籍制度政策相结合,使大批农民与原来承包的耕地脱钩,充分实行农民土地确权,通过确权登记办证后,贯彻"三权分置"制度,使农民的土地的所有权、承包权和经营权分开,使农民吃下定心丸,把土地的经营权流转出去,给大户、合作社或企业等,尽可能改变农民单种单收的现象,促使土地相对集中。

二是健全耕地流转制度,优化农村耕地资源配制,促进乡村产业的发展和农民增收。

三是对规模经营者给予扶持。随着农业产业化经营的逐步推开并形成共识,规模经营的内涵和外延将得到新的升华和扩展。以企业为龙头,在尽可能不触动以家庭联产承包为主的责任制运行的前提下,把成千上万的农民组织起来,使千家万户分散的农业生产经营与广阔的市场紧密联系起来,形成规模生产和规模效益,是最具推广价值且符合中国国情的规模经营。此外,企业以租赁的方式,获得农业资源的相对更长期使用权,实行企业化经营、专业化生产、社会化服务,也是规模经营的重要形式。

(3) 加强农业信息市场建设

首先,农业信息人员要不断增强信息的商品意识和树立市场经济的观念,将过去由国家拨款,根据行政指令对信息资源进行整理、加工和收藏,无偿向社会提供服务的方式,转变为以获取效益为目标,以农民的需求为导向,根据农业信息市场的特点生产适销对路的信息产品以获取效益的运作方式。其次,在产品开发上除保持原有的传统产品外,还要对信息产品进行二次、三次深加工,开发出具有农业特色的数据库、实物信息产品和使用配套产品,及时向各类农村用户提供适合于农村市场经济需要的新信息。最后,各地要根据本地具体情况,建立适合于本地特点的农业信息市场,充分发挥科技集市、科技大篷车的优势,采取多种形式进行多层次、多样化的科技信息、成果转换。同时,建立全县统一的农业信息市场,对各地的信息市场进行宏观调控和管理,充分利用全县最具规模的农产品交易市场。建立和健全信息市场法规,将零星、分散、无序的信息交易加以规范,以保护信息生产者与农民的合法权益。

(4) 完善农村合作经济组织

巩固和发展农村专业合作经济组织。首先,要坚持"风险共担、利益均沾"的原则。合作经济组织的财产归社员所有,其中应有一部分是不可分割的集体财产,利润应按参与额进行分配,严格限制股金的红利率。其次,要修订和完善章程。各类合作经济组织章程都应以经济合同法、民法及其他经济法规为根本依据,对于入社各方的权利、义务包括违约责任要平等设置、公正合理,符合国家法律法规。最后,政府要为合作组织保驾护航。明确合作经济组织的法律地位,保护其经济利益,使农村专业合作经济组织有章可循，有法可依。

(5) 提高农业科技创新创造能力和水平

一是提高农民的整体科技文化素质。推进农业产业化，必须狠抓农民的教育培训。要通过发展农村职业教育、成人教育、农业广播电视教育、农科教中心、专业协会、科技示范户等各种形式，建立比较完善的农业技术培训体系；要进一步发挥农技推广站、农业广播校、农业院校的作用，特别是要加强农科教结合，办好县、乡镇农科教中心；要与当地农业产业化发展相结合，重点加快推广新技术、新成果、新经验、新方法、新产品；要有组织、有计划、持久地抓好"绿色证书工程"，为农村培养大批懂技术、能操作、善经营、会管理的新型农民；加强现代水利设施建设，搞好科学的节水滴灌工程，发展抗旱作物；要建立择优扶持的培训激励机制，开展科技能人比学赶帮超活动，提高农民学科技、用科技的积极性。

二是促进农业科技企业的建立和发展。农业科技企业集科技、生产和经营于一体，资金雄厚，技术先进，机制灵活，营销手段有力，市场反应迅速，是科技成果转化应用的强大推进器。积极引导农民致富带头人、农业科技领军人物、农业技术员和农业果树蔬菜种植专家为农户提供农业科技产品和服务。农业科技企业是现代农业的重要组成部分，也是发达地区实现高科技成果转化的重要因素。鉴于建昌县农业及农业产业化发展的"瓶颈"正在于科技成果转化率低的现实状况，因而大力发展农业科技企业将是全县加快农业农村现代化发展和全面推进农业产业化进程中至关重要的战略步骤之一。全县农业科技企业的发展应该与促进农业产业化经营和现代化发展高科技战略紧密结合，当前应着力改造和培育一批技贸工农一体化企业、农业高新技术企业以及民营科技企业。

总之，鉴于目前建昌县农业农村情况与辽西地区农业农村整体发展还不算十分平衡和充分,应该快速补齐短板,发挥优势,迎头赶上发展比较快的县市区的发展。快速发展农业产业化,推动农业现代化生产进程,务必以供给侧结构改革为主线,引向高速增长转向高质量发展方向,科技创新和产业创新加快发展,坚持政企分开的思路不动摇,厘清政府和企业的关系,不是弱化政府,而是强化政府引导和服务的作用。政府要公共服务、法治服务和国家战略发展强势。在新时代坚持贯彻新发展理念、构建新发展格局的大背景下坚持发展现代化农业农村经济,合理改革农村体制机制,更有效地激发企业和个人发挥好内生动力,努力为建昌县农村以至于为辽西乡村振兴发展战略扫清障碍,建设好农民一直梦想的现代化美丽乡村。

四、兴城市实施乡村振兴战略新成效

按照"产业兴旺、生态宜居、乡风文明、治理有效、生活富裕"的总要求,葫芦岛兴城市(县级市)对乡村振兴战略作出阶段性谋划,既要在农村实现全面小康,又要为基本实现农业农村现代化开好局、起好步、打好基础。

1. 基本情况

兴城市自然资源丰富、地理位置优越,具备加快发展、创新发展的基础优势。全市总面积2 102平方千米,耕地面积约116万亩,总人口53.3万人,其中,乡村人口38.6万人。2019年,农民人均可支配收入达1.38万元。农业生产以种植业、果业、养殖业为主,是国家粮油生产大县、生猪调出大县、设施蔬菜优势区和多宝鱼养殖基地、省级花生出口示范区、辽宁特产"大菱鲆"之乡、"海参"之乡、"花生"之乡、"大根萝卜"之乡、"食用菌"之乡。兴城市全力推进农村集体产权制度改革,制定村集体经济增收奖励办法,完成142个农村集体经济组织成员身份确认,流转土地31万亩,为乡村振兴奠定了坚实基础。

(1) 现代农业稳步发展

兴城市现有农民专业合作社1 177家，新型家庭农场137家，市级以上农事龙头企业37家，新型职业农民750人，无公害农产品绿色食品认证面积70万亩。有"三品一标"农产品47个，其中国家地理标志农产品5个、绿色农产品15个。

(2) 果业生产品种众多

全市现有果树种植面积14.28万亩，770万株。2019年全市水果总产量达到14万吨，产品销往吉林、黑龙江、山东等多个省及俄罗斯和东南亚等国家，实现产值3.3亿元。

(3) 畜牧饲养绿色优质

兴城市大力推进畜牧业标准化健康养殖，全市现有14个种类、75个品种，并积极引进大伟嘉、大北农、九股河食品有限公司3家大型农事龙头企业，畜牧生产正向专业化、商品化、集约化、基地化方向转变。

(4) 渔业资源得天独厚

兴城市浅海面积125万亩，筏式养殖面积0.5万亩，滩涂养殖面积6.5万亩，海水池塘养殖面积3万亩，工厂化养鱼面积200万平方米，淡水养殖面积1.8万亩。2019年，全市水产品产量20万吨，渔业经济总产值22.7亿元，多宝鱼产业整合项目曾获全国农村创业创新大赛二等奖。

(5) 产业项目有序推进

目前，兴城市实施8个省级乡村振兴产业发展项目，重点发展花卉、水果、养殖、旅游等。其中包括药王乡谷屯村重点发展切花菊项目，三道沟乡三里村发展水果产业项目，头道沟里村开展青山水库乡村游项目，郭家镇孙家村开展白菊、荷兰彩菊项目，沙后所镇五里村发展肉鸡项目，白塔乡下长茂村发展反季水果项目，旧门乡望川村发展白菊、荷兰彩菊项目，碱厂乡朱家村开展乡村游项目。兴城的产业发展给乡村振兴注入了生机与活力。

(6) 相关产业融合发展

兴城市是省级现代农业综合示范区、全国电子商务进农村综合示范县、首批国家全域旅游示范区创建单位。近年来,兴城市依托农业资源,大力促进农村产业升级。

(7) 精准扶贫成效显著

兴城紧扣"一超过、两不愁、三保障"标准,聚焦"五个一批""六个精准"要求,充分发挥产业拉动、项目带动作用,坚持政策叠加、措施覆盖,集中资源、集中力量解决贫困问题。目前,全市36 061名贫困人口已有35 758人实现脱贫,17个贫困村全部销号,2020年年底前剩余136户303人将全部脱贫,贫困发生率由9.2%降至0.07%。

2. 主要做法

2019年,兴城市提出发展全域经济要科学合理规划,坚持"空间、产业、业态"三位一体,唱响乡村振兴"十本经",大力发展认养农业、体验农业、创意农业和休闲旅游农业。

(1) 完善战略规划

坚持系统性、全方位规划,让每一块土地都发挥经济价值。兴城市围绕乡村振兴"十本经",编制以"10+24"和"1+N"为重点的五年规划体系:"10+24"指24个乡镇街道结合"十本经","1+N"指每个乡镇街道针对各村(社区)资源和产业优势规划发展村屯经济。2020年,乡村振兴取得重要进展,制度框架和政策体系基本形成。

(2) 推动产业振兴

打破城乡二元结构和空间概念,持续推进空间优化,系统解决产业发展瓶颈,统筹发展城乡经济,以"十本经"寻求乡村振兴发展新突破。即发展全域经济,包括庭院经济、山坡经济、公路经济、特色经济、龙头经济、河道经济、小流域经济、园区经济、林带经济、水库经济、临海经济。

（3）发展乡村旅游。

围绕"城泉山海岛"第一岛链、乡村旅游第二岛链和118公里龙型旅游黄金海岸线，兴城市提出进一步拓展农业功能，构建全域旅游战略，因地制宜推动农业与休闲旅游、文化教育、健康养生等深度融合，打造体验游、山水游、休闲采摘游、海滨游等乡村旅游线路。同时，各乡镇依托乡村特色产业，建立工业园区，促进科技成果转化，推动乡村经济发展。

（4）建设临海经济带

兴城市以滨海公路为轴，依托曹庄现代渔业园区、徐大堡核电项目、刘台子渔业养殖打造临海经济带。一是现代渔业园区。实施多宝鱼立体化循环养殖和旅游观光产业示范项目，建设集养殖、加工、销售、餐饮、文化于一体的多宝鱼产业综合体。二是核能发展区。围绕徐大堡核电项目，大力发展清洁能源产业。三是渔业养殖区。利用徐大堡"海参之乡"和刘台子乡丰富的滩涂资源，推进工厂化养殖，引进海产品深加工企业。

（5）推进城镇化进程

以东辛庄镇为载体，建设城市副中心，加快兴绥一体化进程，带动周边乡镇发展，打造工业产业集群，实现空间下乡、产业突围。发展壮大东辛庄服装产业规模，建设以校服为主导的青少年服装生产基地；规划建设服装、海产品、农特产品批发市场和物流园区，发展服务性产业，形成服装全产业链条和功能完善的产业集聚区；融入城市概念，通过房地产、就业等，探索农民就地城镇化途径，推进乡镇向城市转变。

（6）壮大村集体经济

兴城市已经彻底消灭"空壳村"，237个村全部有集体经济收入。一是推进资源变资产。全市排查、登记造册村集体闲置资源总面积17万平方米，25个村将闲置资源出租给泳装企业，一举脱壳。二是推进资产变资金。鼓励村集体充分发掘土地、滩涂和荒山等资产潜力，经营变现，稳步增收。徐大堡镇方安村依托海滩资源，入股旅游企业，年收入33万元；高家岭镇汤上村对村集体温泉浴池进行改造升级，2019年温泉小镇营业额1 100万元。三是推进资金变投资。城中村、城郊村利用棚改动迁补偿款，购买临街门市出租，古城、宁远等6个城中村年房租收入达300万元。四是推进农民变股民。充分发挥龙头企业对村级集体经济发展的拉动作用，引入现代企业股权制度，一大批贫困村通过兴办企业、入股分红的形式，实现整村脱贫。四家村成为辽西第一个"股东村"：村集体占股6%，村民占股84%。碱厂乡碱厂村利用泳装下乡项目、花生加工项目，创办泳装厂和扶贫花生加工厂，产出利润按持股比例向建档立卡户分红派兑；红崖子镇红崖子村入股花生企业，每年保底分红15万元。五是推进收益变福利。及时将收益转化为村民医疗、保险、帮扶、救助等"实打实"的民生保障，将成果共享、惠及群众作为发展壮大村级集体经济的落脚点。

（7）发挥党建引领作用

充分发挥基层党组织的头雁作用，凝聚广大党员群众。在精准扶贫中，示范带动，打造兴城经验。兴城市以党建引领脱贫攻坚，充公利用9个基层党建指导站，通过"党支部+"模式，不断深化升级基层党组织的作用，将党的组织优势转化为脱贫攻坚的源泉动力。

（8）打造乡村振兴人才队伍体系

人才振兴是乡村振兴战略中至关重要的一环，人才振兴才能带动乡村的全面振兴。兴城市把人力资源开发放在首要位置，打造党政人才"把方向"、新型农民"挑大梁"、专技人才"做保障"、经济村主任"做支撑"的乡村振兴人才队伍体系。

（9）优配强村干部队伍

农村基层党组织强不强，基层党组织书记行不行，直接关系乡村振兴战略实施效果。必须选好一把手，配强领导班子，培育一支懂农业、会帮扶、作风硬、真抓实干的村干部队伍。

碱厂乡白庙子村原属于省级贫困村，人均年收入不足2 500元。白庙子村党支部按照"党支部+基地+贫困户"的扶贫发展模式，开展红南果梨精准扶贫项目，建成了有4万株红南果梨的扶贫基地。2018年5月，碱厂"红南果梨"通过了国家地理商标认证。碱厂乡碱厂村党支部书记李红兴，通过"党支部+产业+贫困户"的精准扶贫模式，带领村民发展泳装产业，不到两年时间就实现整村脱贫。

（10）大力培育新型农民

兴城加快实施新型职业农民培育工程，提升农民的基本素质和技能水平。现有新型职业农民2 544人，其中，12人为青年农场主，规范指导市级以上示范合作社85个、家庭农场137家，涌现出"田秀才""土专家""乡创客"，成为推进农业供给侧结构性改革的新动能。

（11）选派驻村"第一书记"和扶贫工作队

兴城市推选359名机关干部，下派到237个村，在引进项目、协调资金、帮助低保户解决实际困难等工作中都发挥了突出作用成为乡村振兴的中坚力量。同时，高度重视培养村支部书记，做好村级后备干部培养选拔工作，实现贫困村书记与第一书记内外结合、相得益彰，全面提升乡村治理水平。

（12）充分发挥经济村主任作用

乡村振兴要有资金，企业家群体是兴商办厂的中坚力量。兴城市建立经济村主任制度，聘请54名有责任心、愿意为乡村振兴服务的优秀企业家担任经济村主任，深化村企交流合作，破解村集体经济发展难题。把企业的管理优势、产业优势、项目优势、资金优势、人才优势转化为村集体经济的发展优势。

3. 存在问题

（1）乡村振兴战略规划有待完善

做好规划是实现乡村振兴的前提和基础，兴城市乡村振兴战略规划虽已制定但不完善,规划内容笼统,可操作性不强;片面强调村容整治,相对忽视产业发展、精神文明建设;规划各自为战,缺少一盘棋思想。

(2) 农业产业化水平不高

兴城市农业产业结构不合理,主要是传统种养业,产业链短、增值空间小,带动农民增收能力有限。农产品深加工企业少,花生、大根萝卜、食用菌、多宝鱼、海参等具有优势的农产品,也只经过初加工进入市场,售价和利润较低,不能实现利益最大化;农村一二三产业融合发展还缺乏系统规划,产业融合程度较低,农户与企业之间利益联结不紧密。

(3) 农业发展面临人力资源短缺难题

基层农业技术人员匮乏,农民科学文化素质与发展现代化农业的要求差距较大,缺少与市场经济要求相适应的营销、电商、金融等人才,也缺少与乡村产业发展相适应的本土实用技术人才。

(4) 农村基础设施有待完善提高

农村教育、文化、医疗、交通等公共服务设施与城市相比还有差距,公共服务能力和水平有待进一步提高。农村道路、水利、饮水、供电、燃气等一些基础设施不完善。

兴城的春旱问题较为突出,全年降水量 500~600 毫米,春季"十年九旱"。目前乡村的坑塘、河沟、洼地大多被填平,或开荒种地或搞各种建筑建设,在雨季雨水也很少存留。春旱问题也成为困扰乡村振兴的一个典型问题。

(5) 农村环境整治还不到位

很多村屯垃圾随处可见,生活污水集中收集、处理、分类不完善,绿化、美化、亮化等与城市相比还有很大差距,延缓了实现"农村美"的进程。

4. 探索乡村振兴新路径

在积极推进乡村振兴中,要打破传统思维模式,学习先进地区经验，结合兴城实际，探索新路径。

(1) 充分利用国家政策，制定地方规划

要坚持"一张蓝图"，把乡村建设规划和土地利用规划、美丽乡村建设规划等"多规合一"，科学确定村庄布局和人口规模，合理定点、定位、定功能，避免大拆大建；同时，要用好用足国家关于乡村振兴的各项政策，梳理分散在各个部门的现有政策，将管用的、群众欢迎的、财力可支撑的政策加以整合，在国家顶层设计下形成地方特色规划。

(2) 推进乡村振兴与新型城镇化有机结合

兴城的城镇化率偏低，仅为35%，远远低于全国平均水平，位居全省末位。因此，在推进乡村振兴工作的同时，仍需大力推进城镇化，努力实现城镇化与乡村振兴双轮驱动，共促共进。

(3) 尊重农民意愿，因地制宜规划

在制定乡村规划时，要自上而下与自下而上相结合，让农民真正享有知情权、参与权、管理权、监督权，维护好、发展好农民群众作为乡村建设主体地位。因村制宜，科学把握乡村的差异性和发展走势，挖掘乡村特质，突出个性发展，针对特色小镇、集体经济薄弱村、城郊村等不同村情，分类施策，尽力而为，量力而行，不搞一刀切，不搞统一模式。

(4) 全面深化农村改革，解决"钱、地、人"问题

实施乡村振兴战略，必须围绕"钱、地、人"等要素的供给，抓住关键环节，深化农村综合改革。

解决"钱"的问题。关键是健全投入保障制度，创新投融资机制，加快形成财政优先保障、金融重点倾斜、社会积极参与的多元投入格局。广东省清远市在这些方面做出有宜探索，通过整合涉农资金，解决乡村振兴的"钱袋子"。2017年中央一号文件提出，"发挥规划统筹引领作用，多层次多形式推进涉农资金整合"，为涉农资金整合规划了路线。目前涉农资金依然面临"多头

管理、资金分散、补贴变质"等困境。为此，一是要以涉农资金整合为抓手、发挥"资金杠杆"作用，撬动各项资金有效整合。主要是通过农户授权的形式将国家直补到户的农业综合补贴整合到村社集体，由村社集体掌握，作为村庄公共事业建设经费。二是要研究出台鼓励工商资本参与乡村振兴的指导性意见，完善融资贷款、配套设施建设补助、税费减免、用地等扶持政策，加大政策制度性供给，进一步打开各类先进要素向农村流动的通道。三是促进体制机制创新。乡村振兴是一项重大战略，随着乡村振兴向纵深推进，每年的污水处理、垃圾处理、农村道路等基础设施的维护费用以及环境管理等其他支出，仅靠财政支撑难以为继。因此，要创新体制机制，激活乡村振兴的内在发展活力。进一步深化农村改革，激活农村沉睡资本，促进城乡生产要素的自由流动和优化配置，探索建立长效永续的发展机制。

解决"地"的问题。关键是深化农村土地制度改革，建立健全土地要素城乡平等交换机制，加快释放农村土地制度改革红利。

随着城镇化的推进，农村人口进入城市，农村土地存在闲置浪费现象。2018年以来，国家提出要集中开展农村土地分散整治工作，实现土地规模化利用：一是规划建房，整合农村土地资源。要实现统一规划建房，将农村分散的土地资源进行集合整治，将分散土地整合成为成片化的土地，为农业规模化、生态化、机械化发展做好坚实的基础。二是加大对闲置用地整治力度。加强对农村空心村、空闲宅基地、搁荒地的整治工作，提高农村土地使用效率，引导分散居住的农民向中心村、中心社区和小城镇聚集。对于搁荒土地和"四荒地"，可依法收归集体。目前，徐大堡等乡镇通过对荒地、湿地、河塘和稻田等资源进行集中整治，依法收归镇政府和村集体所有，制定相关政策，把资源变财源，保证镇村收入持续性和稳定性，壮大了镇村集体经济。三是充分利用宅基地"所有权、资格权、使用权"三权分置政策，将闲置的宅基地利用起来，鼓励由社会资本经营民宿和农家乐，让农民有实实在在的获得感。

解决"人"的问题。人才资源是乡村振兴第一资源，推进乡村振兴战略需要充分发挥各地人才优势，处理好"走出去""留下来"和"引回来"的关系，强化乡村振兴人才支撑。一是尽快出台指导性文件，加快形成人才集聚的制度优势。结合兴城实际，研究出台乡村振兴的人才发展体制机制改革实施办法，建立一系列符合人才发展的政策框架体系和激励引导机制，形成加快人才集聚的制度优势。二是实施靶向引才行动，大力引进紧缺实用人才。对照乡村振兴的支柱产业，围绕乡村经济发展、中心乡镇提升、农业实用技术，以及营销、电商、金融等人才方面，瞄准省内外高校院所、知名企业和高端产业集聚区实施专项引才行动计划。打破地域、身份、人事关系等制约，灵活采用项目聘用、技术合作、人才租赁等柔性方式，多层次、宽领域吸纳急需人才。三是实施农村基层干部素质提升工程和后备干部培养工程。健全从优秀村党组织书记中选拔乡镇领导干部、考录乡镇机关公务员、招聘乡镇事业编制人员制度。四是加大培养力度，多培养"用得着"的农业人才。当前，亟须面向乡村振兴实际需要，加快培养休闲农业、共享农业、互联网农业等专业人才。此外，还要为扎根乡村的年轻党员打造成长发展路径，让他们干事有平台，生活有保障，成长有通道。

（5）高质量发展乡村经济，提高产业化水平

产业兴旺是实现乡村振兴的基础和前提。产业振兴一方面要着力提高农业综合生产能力和竞争力，强调质量兴农、绿色兴农、科技兴农和品牌强农，保障国家粮食安全和农产品供给。另一方面要推进非农产业体系建设。结合兴城提出的乡村振兴"十本经"，加快"一乡一龙头""一企一园区""1+10"园外园建设。发展乡村旅游、民宿、休闲农业、康养产业等，让农民实现就地

就近创业就业，不断壮大乡村经济，提高农民收入。

发展庭院经济。兴城为助力乡村振兴提供的新尝试、新路径，对于乡村环境整治、脱贫攻坚工作都具有撬动作用。发展庭院经济，要解决3个问题。一是庭院问题，改善每一户的房前屋后、院内院外环境，让每个家庭都干净整洁。二是庭院与庭院之间的问题，让每条街都美起来、亮起来。三是解决产业、环境、旅游多位一体的问题，通过庭院经济衍生庭院经营，改善乡村环境，带动乡村旅游，促进农民增收。

发展庭院经济要按照市场规律、尊重群众意愿、自主选择、错位发展，点线面相结合，形成"一村一品""一村一景""一村一诗"的旅游元素。要建立组织体系，构建利益链接机制，实行资金引导、村屯主导、技术指导、多部门联动，把庭院经济这篇文章不断做大，衍生出更多综合效益，打造全域旅游。

发展海洋经济。加快推进兴城"转身向海"，发挥海洋资源丰富、地理位置优越优势，发展海洋经济、完善产业链，做好"大海"这篇文章。一是科学规划，合理利用丰富的海岸、海洋、海岛资源。根据海洋功能区划的要求，对全市的海岸、海洋、海岛资源进行科学规划和利用。二是突出项目带动，发展现代养殖业。目前在兴城觉华岛磨盘山岛周围海域开发的"辽宁磨盘岛海洋牧场建设项目"已做好前期规划。海洋牧场划分为4个功能区，并建设海洋牧场信息化系统。今后要进一步做好招商引资工作，吸引更多优秀企业来兴城投资发展。三是打造海产品交易平台。要建设现代渔业强市，就必须让水产品走出去，鼓励相关企业开发具有自主知识产权、自主品牌、高技术含量、高附加值的水产品，打造海新产品交易平台。四是大力发展绿色休闲渔业。兴城的沿海乡镇曹庄、沙后所、刘台子、徐大堡等可发展休闲渔业。通过"旅游+"从游客参观、垂钓、特设餐饮、住宿等方面着手，以鱼为主线，打造产业文化，让游客感到大自然美的同时感受到人文气息的厚重，增加游客的消费环节来创造更多附加值。

(6) 大力发展农产品加工业

兴城市的资源优势非常突出，形成了"粮食、花生、蔬菜、畜牧、水果、水产品、食用菌、经济林"八大农业优势产业。丰富的农产品资源，为农产品加工企业提供了坚实的物质基础。一要尽快制定出台《扶持农产品深加工推进现代农业发展的若干政策意见》；加大招商引资力度，引进龙头企业。二是建设红崖子花生、沙后所蔬菜、望海肉鸡、华山食用菌等精深加工特色乡镇。三是依托经济开发区农产品深加工园区，发展精深加工产业，打造一批兴城特色的优质品牌，逐步建立集农产品生产加工、监管、销售为一体的现代企业管理体系。

(7) 大力实施农产品品牌提升行动

加快构建以多宝鱼、海参、花生、大根萝卜、食用菌、地瓜、菊花、水果等为代表的兴城名优特农产品品牌；做好品牌宣传推介，借助农产品博览会、展销会等渠道，充分利用网络平台，加强品牌市场营销；加强农产品商标及地理商标的注册和保护，构建全市优质农产品品牌保护体系。

(8) 促进新型农业经营主体与电商全面对接

我国农产品电子商务进入高速增长阶段，农产品网络零售商增加，交易种类日益丰富。兴城是全省首个农村淘宝启动县(市)，政府与阿里巴巴集团合作实施的"农村淘宝"项目，已建成1个市级综合服务中心，运营农村淘宝服务站81家，覆盖15个乡镇。一是充分运用"中国馨予农业网"电商平台，推动多宝鱼、海参、花生、食用菌等农产品线上销售；二是利用抖音、快手等推广直播带货新模式，扩大网上销量。

(9) 发展康养产业，打造健康兴城

中国已进入老年龄化社会，老年人口2.5亿，失能人口4 000

万,康养产业将是一个广阔的市场。2019年国家决定对养老、托幼、家政等社区家庭服务业加大税费优惠政策支持。各省都推出相关政策,如山东省提出把医养健康产业做为新旧动能转换十强产业之一。很多城市如海口、三亚、珠海、昆明等以发展大健康医疗产业为康养产业的支柱,以提供良好的养生、养老、休闲度假服务为市场定位,建设国际医疗健康养生城或康养综合体,取得了良好的社会效益和经济效益。兴城市要抓住机遇,充分利用全国优秀旅游城市及气候、温泉、疗养院众多等资源优势,打造休闲康养城市。具体可采取以下形式:

旅游+康养模式:一是养疗旅游。查体,治疗和疗养。二是养老旅游。把养老和旅游结合起来。三是养颜旅游。爱美之心人皆有之,养颜旅游美容减肥为核心。四是养生旅游。把锻炼、养生、健康与旅游相结合。五是养心旅游。让人们放松心情,内在修心,外在修身,保持身心健康。

养老小镇(社区)模式:吸引周边大城市老人到兴城养老。目前北京、天津、沈阳等城市已经进入深度老龄化社会,当地养老院"一床难求"。发展"医养康"结合的养老服务体系,建设全程化持续照护养老小镇(或社区)。一方面可充分利用兴城市闲置房地产建养老公寓,还可开发新的养老产业,带动经济发展。河北省三河市燕达金色年华健康养护中心,作为京津冀医疗养老协同发展首批试点,目前有床位1万多张,3 500人入住,98%为北京籍老人。不仅解决老龄化问题,还有效促进当地经济社会发展。兴城的高家岭镇、徐大堡镇、邴家湾等乡镇自然资源非常适合建养老小镇。

(10) 实现乡村振兴,必须发挥好基层党组织作用

一是基层党组织要充分做好调查研究,通过深入走访了解群众对乡村振兴的盼望是什么,他们急需解决什么问题,做到问计于民、问需于民。二是充分发挥基层群团组织作用,可通过开展丰富多彩的文化体育活动,丰富农村居民娱乐生活,通过喜闻乐

见的活动做好群众的思想工作,引导群众支持产业发展(如推动土地流转,承接农业项目)。三是可通过系列先进人物评选活动,树立先进典型,带动广大村民传承尊老爱幼、勤劳善良、勤俭持家的传统美德,并促成农村居民良好生活习惯的养成。让农村真正成为生态优美、产业兴旺、邻里和睦、百姓富裕的大美乡村。

(11)乡村振兴与脱贫攻坚"有效衔接"

接续推进全面脱贫与乡村振兴有效衔接,需要传好接力棒,分阶段梯次开展。以脱贫攻坚为重心,将乡村振兴举措全面融入脱贫攻坚行动之中,做好脱贫攻坚与乡村振兴有机衔接;在过渡期内,统筹做好全面脱贫与乡村振兴衔接工作;过渡期之后,把农村减贫纳入乡村振兴战略,并将"三农"工作重点转移到乡村振兴上来,实现减贫战略和工作体系平稳转型。

附　　录

中共中央　国务院
关于全面推进乡村振兴加快农业农村现代化的意见

（2021年1月4日）

党的十九届五中全会审议通过的《中共中央关于制定国民经济和社会发展第十四个五年规划和二〇三五年远景目标的建议》，对新发展阶段优先发展农业农村、全面推进乡村振兴作出总体部署，为做好当前和今后一个时期"三农"工作指明了方向。

"十三五"时期，现代农业建设取得重大进展，乡村振兴实现良好开局。粮食年产量连续保持在1.3万亿斤以上，农民人均收入较2010年翻一番多。新时代脱贫攻坚目标任务如期完成，现行标准下农村贫困人口全部脱贫，贫困县全部摘帽，易地扶贫搬迁任务全面完成，消除了绝对贫困和区域性整体贫困，创造了人类减贫史上的奇迹。农村人居环境明显改善，农村改革向纵深推进，农村社会保持和谐稳定，农村即将同步实现全面建成小康社会目标。农业农村发展取得新的历史性成就，为党和国家战胜各种艰难险阻、稳定经济社会发展大局，发挥了"压舱石"作用。实践证明，以习近平同志为核心的党中央驰而不息重农强农的战略决策完全正确，党的"三农"政策得到亿万农民衷心拥护。

"十四五"时期，是乘势而上开启全面建设社会主义现代化国家新征程、向第二个百年奋斗目标进军的第一个五年。民族要复兴，乡村必振兴。全面建设社会主义现代化国家，实现中华民族伟大复兴，最艰巨最繁重的任务依然在农村，最广泛最深厚的基础依然在农村。解决好发展不平衡不充分问题，重点难点在"三农"，迫切需要补齐农业农村短板弱项，推动城乡协调发展；构建新发展格局，潜力后劲在"三农"，迫切需要扩大农村需求，畅通城乡经济循环；应对国内外各种风险挑战，基础支撑在"三农"，迫切需要稳住农业基本盘，守好"三农"基础。党中央认为，新发展阶段"三农"工作依然极端重要，须臾不可放松，务必抓紧抓实。要坚持把解决好"三农"问题作为全党工作重中之重，把全面推进乡村振兴作为实现中华民族伟大复兴的一项重大任务，举全党全社会之力加快农业农村现代化，让广大农民过上更加美好的生活。

一、总体要求

（一）指导思想。以习近平新时代中国特色社会主义思想为指导，全面贯彻党的十九大和十九届二中、三中、四中、五中全会精神，贯彻落实中央经济工作会议精神，统筹推进"五位一体"总体布局，协调推进"四个全面"战略布局，坚定不移贯彻新发展理念，坚持稳中求进工作总基调，坚持加强党对"三农"工作的全面领导，坚持农业农村优先发展，坚持农业现代化与农村现代化一体设计、一并推进，坚持创新驱动发展，以推动高质量发展为主题，统筹发展和安全，落实加快构建新发展格局要求，巩固和完善农村基本经营制度，深入推进农业供给侧结构性改革，把乡村建设摆在社会主义现代化建设的重要位置，全面推进乡村产业、人才、文化、生态、组织振兴，充分发挥农业产品供给、生态屏障、文化传承等功能，走中国特色社会主义乡村振兴道路，加快农业农村现代化，加快形成工农互促、城乡互补、协调发展、共同繁荣的新型工农城乡关系，促进农业高质高效、乡村宜居宜业、农民富裕富足，为全面建设社会主义现代化国家开好局、起好步提供有力支撑。

（二）目标任务。2021年，农业供给侧结构性改革深入推进，粮食播种面积保持稳定、产量达到1.3万亿斤以上，生猪产业平稳发展，农产品质量和食品安全水平进一步提高，农民收入增长继续快于城镇居民，脱贫攻坚成果持续巩固。农业农村现代化规划启动实施，脱贫攻坚政策体系和工作机制同乡村振兴有效衔接、平稳过渡，乡村建设行动全面启动，农村人居环境整治提升，农村改革重点任务深入推进，农村社会保持和谐稳定。

到2025年，农业农村现代化取得重要进展，农业基础设施现代化迈上新台阶，农村生活设施便利化初步实现，城乡基本公共服务均等化水平明显提高。农业基础更加稳固，粮食和重要农产品供应保障更加有力，农业生产结构和区域布局明显优化，农业质量效益和竞争力明显提升，现代乡村产业体系基本形成，有条件的地区率先基本实现农业现代化。脱贫攻坚成果巩固拓展，城乡居民收入差距持续缩小。农村生产生活方式绿色转型取得积极进展，化肥农药使用量持续减少，农村生态环境得到明显改善。乡村建设行动取得明显成效，乡村面貌发生显著变化，乡村发展活力充分激发，乡村文明程度得到新提升，农村发展安全保障更加有力，农民获得感、幸福感、安全感明显提高。

二、实现巩固拓展脱贫攻坚成果同乡村振兴有效衔接

（三）设立衔接过渡期。脱贫攻坚目标任务完成后，对摆脱贫困的县，从脱贫之日起设立5年过渡期，做到扶上马送一程。过渡

期内保持现有主要帮扶政策总体稳定，并逐项分类优化调整，合理把握节奏、力度和时限，逐步实现由集中资源支持脱贫攻坚向全面推进乡村振兴平稳过渡，推动"三农"工作重心历史性转移。抓紧出台各项政策完善优化的具体实施办法，确保工作不留空档、政策不留空白。

（四）持续巩固拓展脱贫攻坚成果。健全防止返贫动态监测和帮扶机制，对易返贫致贫人口及时发现、及时帮扶，守住防止规模性返贫底线。以大中型集中安置区为重点，扎实做好易地搬迁后续帮扶工作，持续加大就业和产业扶持力度，继续完善安置区配套基础设施、产业园区配套设施、公共服务设施，切实提升社区治理能力。加强扶贫项目资产管理和监督。

（五）接续推进脱贫地区乡村振兴。实施脱贫地区特色种养业提升行动，广泛开展农产品产销对接活动，深化拓展消费帮扶。持续做好有组织劳务输出工作。统筹用好公益岗位，对符合条件的就业困难人员进行就业援助。在农业农村基础设施建设领域推广以工代赈方式，吸纳更多脱贫人口和低收入人口就地就近就业。在脱贫地区重点建设一批区域性和跨区域重大基础设施工程。加大对脱贫县乡村振兴支持力度。在西部地区脱贫县中确定一批国家乡村振兴重点帮扶县集中支持。支持各地自主选择部分脱贫县作为乡村振兴重点帮扶县。坚持和完善东西部协作和对口支援、社会力量参与帮扶等机制。

（六）加强农村低收入人口常态化帮扶。开展农村低收入人口动态监测，实行分层分类帮扶。对有劳动能力的农村低收入人口，坚持开发式帮扶，帮助其提高内生发展能力，发展产业、参与就业，依靠双手勤劳致富。对脱贫人口中丧失劳动能力且无法通过产业就业获得稳定收入的人口，以现有社会保障体系为基础，按规定纳入农村低保或特困人员救助供养范围，并按困难类型及时给予专项救助、临时救助。

三、加快推进农业现代化

（七）提升粮食和重要农产品供给保障能力。地方各级党委和政府要切实扛起粮食安全政治责任，实行粮食安全党政同责。深入实施重要农产品保障战略，完善粮食安全省长责任制和"菜篮子"市长负责制，确保粮、棉、油、糖、肉等供给安全。"十四五"时期各省（自治区、直辖市）要稳定粮食播种面积、提高单产水平。加强粮食生产功能区和重要农产品生产保护区建设。建设国家粮食安全产业带。稳定种粮农民补贴，让种粮有合理收益。坚持并完善稻谷、小麦最低收购价政策，完善玉米、大豆生产者补贴政策。深入推进农业结构调整，推动品种培优、品质提升、品牌打造和标准化生产。鼓励发展青贮玉米等优质饲草饲料，稳定大豆生产，多措并举发展油菜、花生等油料作物。健全产粮大县支持政策体系。扩大稻谷、小麦、玉米三大粮食作物完全成本保险和收入保险试点范围，支持有条件的省份降低产粮大县三大粮食作物农业保险保费县级补贴比例。深入推进优质粮食工程。加快构建现代养殖体系，保护生猪基础产能，健全生猪产业平稳有序发展长效机制，积极发展牛羊产业，继续实施奶业振兴行动，推进水产绿色健康养殖。推进渔港建设和管理改革。促进木本粮油和林下经济发展。优化农产品贸易布局，实施农产品进口多元化战略，支持企业融入全球农产品供应链。保持打击重点农产品走私高压态势。加强口岸检疫和外来入侵物种防控。开展粮食节约行动，减少生产、流通、加工、存储、消费环节粮食损耗浪费。

（八）打好种业翻身仗。农业现代化，种子是基础。加强农业种质资源保护开发利用，加快第三次农作物种质资源、畜禽种质资源调查收集，加强国家作物、畜禽和海洋渔业生物种质资源库建设。对育种基础性研究以及重点育种项目给予长期稳定支持。加快实施农业生物育种重大科技项目。深入实施农作物和畜禽良种联合攻关。实施新一轮畜禽遗传改良计划和现代种业提升工程。尊重科学、严格监管,有序推进生物育种产业化应用。加强育种领域知识产权保护。支持种业龙头企业建立健全商业化育种体系,加快建设南繁硅谷,加强制种基地和良种繁育体系建设,研究重大品种研发与推广后补助政策,促进育繁推一体化发展。

(九)坚决守住18亿亩耕地红线。统筹布局生态、农业、城镇等功能空间,科学划定各类空间管控边界,严格实行土地用途管制。采取"长牙齿"的措施,落实最严格的耕地保护制度。严禁违规占用耕地和违背自然规律绿化造林、挖湖造景,严格控制非农建设占用耕地,深入推进农村乱占耕地建房专项整治行动,坚决遏制耕地"非农化"、防止"非粮化"。明确耕地利用优先序,永久基本农田重点用于粮食特别是口粮生产,一般耕地主要用于粮食和棉、油、糖、蔬菜等农产品及饲草饲料生产。明确耕地和永久基本农田不同的管制目标和管制强度,严格控制耕地转为林地、园地等其他类型农用地,强化土地流转用途监管,确保耕地数量不减少、质量有提高。实施新一轮高标准农田建设规划,提高建设标准和质量,健全管护机制,多渠道筹集建设资金,中央和地方共同加大粮食主产区高标准农田建设投入,2021年建设1亿亩旱涝保收、高产稳产高标准农田。在高标准农田建设中增加的耕地作为占补平衡补充耕地指标在省域内调剂,所得收益用于高标准农田建设。加强和改进建设占用耕地占补平衡管理,严格新增耕地核实认定和监管。健全耕地数量和质量监测监管机制,加强耕地保护督察和执法监督,开展"十三五"时期省级政府耕地保护责任目标考核。

(十)强化现代农业科技和物质装备支撑。实施大中型灌区续建配套和现代化改造。到2025年全部完成现有病险水库除险加固。坚持农业科技自立自强,完善农业科技领域基础研究稳定支持机制,深化体制改革,布局建设一批创新基地平台。深入开展乡村振兴科技支撑行动。支持高校为乡村振兴提供智力服务。加强农业科技社会化服务体系建设,深入推行科技特派员制度。打造国家热带农业科学中心。提高农机装备自主研制能力,支持高端智能、丘陵山区农机装备研发制造,加大购置补贴力度,开展农机作业补贴。强化动物防疫和农作物病虫害防治体系建设,提升防控能力。

(十一)构建现代乡村产业体系。依托乡村特色优势资源,打造农业全产业链,把产业链主体留在县域,让农民更多分享产业增值收益。加快健全现代农业全产业链标准体系,推动新型农业经营主体按标生产,培育农业龙头企业标准"领跑者"。立足县域布局特色农产品产地初加工和精深加工,建设现代农业产业园、农业产业强镇、优势特色产业集群。推进公益性农产品市场和农产品流通骨干网络建设。开发休闲农业和乡村旅游精品线路,完善配套设施。推进农村一二三产业融合发展示范园和科技示范园区建设。把农业现代化示范区作为推进农业现代化的重要抓手,围绕提高农业产业体系、生产体系、经营体系现代化水平,建立指标体系,加强资源整合、政策集成,以县(市、区)为单位开展创建,到2025年创建500个左右示范区,形成梯次推进农业现代化的格局。创建现代林业产业示范区。组织开展"万企兴万村"行动。稳步推进反映全产业链价值的农业及相关产业统计核算。

(十二)推进农业绿色发展。实施国家黑土地保护工程,推广保护性耕作模式。健全耕地休耕轮作制度。持续推进化肥农药减量增效,推广农作物病虫害绿色防控产品和技术。加强畜禽粪污资源化利用。全面实施秸秆综合利用和农膜、农药包装物回收行动,加强可降解农膜研发推广。在长江经济带、黄河流域建设一批农业面源污染综合治理示范县。支持国家农业绿色发展先行区建设。加强农产品质量和食品安全监管,发展绿色农产品、有机农产品和地理标志农产品,试行食用农产品达标合格证制度,推进国家农产品质量安全县创建。加强水生生物资源养护,推进以长江为重点的渔政执法能力建设,确保十年禁渔令有效落实,做好退捕渔民安置保障工作。发展节水农业和旱作农业。推进荒漠化、石漠化、坡耕地水土流失综合治理和土壤污染防治、重点区域地下水保护与超采治理。实施水系连通及农村水系综合整治,强化河湖长制。巩固退耕还林还草成果,完善政策、有序推进。实行林长制。科学开展大规模国土绿化行动。完善草原生态保护补助奖励政策,全面推进草原禁牧轮牧休牧,加强草原鼠害防治,稳步恢复草原生态环境。

(十三)推进现代农业经营体系建设。突出抓好家庭农场和农民合作社两类经营主体,鼓励发展多种形式适度规模经营。实施家庭农场培育计划,把农业规模经营户培育成有活力的家庭农场。推进农民合作社质量提升,加大对运行规范的农民合作社扶持力度。发展壮大农业专业化社会化服务组织,将先进适用的品种、投入品、技术、装备导入小农户。支持市场主体建设区域性农业全产业链综合服务中心。支持农业产业化龙头企业创新发展、做大做强。深化供销合作社综合改革,开展生产、供销、信用"三位一体"综合合作试点,健全服务农民生产生活综合平台。培育高素质农民,组织参加技能评价、学历教育,设立专门面向农民的技能大赛。吸引城市各方面人才到农村创业创新,参与乡村振兴和现代农业建设。

四、大力实施乡村建设行动

(十四)加快推进村庄规划工作。2021年基本完成县级国土空间规划编制,明确村庄布局分类。积极有序推进"多规合一"实用性村庄规划编制,对有条件、有需求的村庄尽快实现村庄规划全覆盖。对暂时没有编制规划的村庄,严格按照县乡两级国土空间规划中确定的用途管制和建设管理要求进行建设。编制村庄规划要立足现有基础,保留乡村特色风貌,不搞大拆大建。按照规划有序开展各项建设,严肃查处违规乱建行为。健全农房建设质量安全法律法规和监管体制,3年内完成安全隐患排查整治。完善建设标准和规范,提高农房设计水平和建设质量。继续实施农村危房改造和地震高烈度设防地区农房抗震改造。加强村庄风貌引导,保护传统村落、传统民居和历史文化名村名镇。加大农村地区文化遗产遗迹保护力度。乡村建设是为农民而建,要因地制宜、稳扎稳打,不刮风搞运动。严格规范村庄撤并,不得违背农民意愿、强迫农民上楼,把好事办好、把实事办实。

(十五)加强乡村公共基础设施建设。继续把公共基础设施建设的重点放在农村,着力推进往村覆盖、往户延伸。实施农村道路畅通工程。有序实施较大人口规模自然村(组)通硬化路。加强农村资源路、产业路、旅游路和村内主干道建设。推进农村公路建设项目更多向进村入户倾斜。继续通过中央车购税补助地方资金、成品油税费改革转移支付、地方政府债券等渠道,按规定支持农村道路发展。继续开展"四好农村路"示范创建。全面实施路长制。开展城乡交通一体化示范创建工作。加强农村道路桥梁安全隐患排查,落实管养主体责任。强化农村道路交通安全监管。实施农村供水保障工程。加强中小型水库等稳定水源工程建设和水源保护,实施规模化供水工程建设和小型工程标准化改造,有条件的地区推进城乡供水一体化,到2025年农村自来水普及率达到88%。完善农村水价水费形成机制和工程长效运营机制。实施乡村清洁能源建设工程。加大农村电网建设力度,全面巩固提升农村电力保障水平。推进燃气下乡,支持建设安全可靠的乡村储气罐站和微管网供气系统。发展农村生物质能源。加强煤炭清洁化利用。实施数字乡村建设发展工程。推动农村千兆光网、第五代移动通信(5G)、移动物联网与城市同步规划建设。完善电信普遍服务补偿机制,支持农村及偏远地区信息通信基础设施建设。加快建设农业农村遥感卫星等天基设施。发展智慧农业,建立农业农村大数据体系,推动新一代信息技术与农业生产经营深度融合。完善农业气象综合监测网络,提升农业气象灾害防范能力。加强乡村公共服务、社会治理等数字化智能化建设。实施村级综合服务设施提升工程。加强村级客运站点、文化体育、公共照明等服务设施建设。

（十六）实施农村人居环境整治提升五年行动。分类有序推进农村厕所革命，加快研发干旱、寒冷地区卫生厕所适用技术和产品，加强中西部地区农村户用厕所改造。统筹农村改厕和污水、黑臭水体治理，因地制宜建设污水处理设施。健全农村生活垃圾收运处置体系，推进源头分类减量、资源化处理利用，建设一批有机废弃物综合处置利用设施。健全农村人居环境设施管护机制。有条件的地区推广城乡环卫一体化第三方治理。深入推进村庄清洁和绿化行动。开展美丽宜居村庄和美丽庭院示范创建活动。

（十七）提升农村基本公共服务水平。建立城乡公共资源均衡配置机制，强化农村基本公共服务供给县乡村统筹，逐步实现标准统一、制度并轨。提高农村教育质量，多渠道增加农村普惠性学前教育资源供给，继续改善乡镇寄宿制学校办学条件，保留并办好必要的乡村小规模学校，在县城和中心镇新建改扩建一批高中和中等职业学校。完善农村特殊教育保障机制。推进县域内义务教育学校校长教师交流轮岗，支持建设城乡学校共同体。面向农民就业创业需求，发展职业技术教育与技能培训，建设一批产教融合基地。开展耕读教育。加快发展面向乡村的网络教育。加大涉农高校、涉农职业院校、涉农学科专业建设力度。全面推进健康乡村建设，提升村卫生室标准化建设和健康管理水平，推动乡村医生向执业（助理）医师转变，采取派驻、巡诊等方式提高基层卫生服务水平。提升乡镇卫生院医疗服务能力，选建一批中心卫生院。加强县级医院建设，持续提升县级疾控机构应对重大疫情及突发公共卫生事件能力。加强县域紧密型医共体建设，实行医保总额预算管理。加强妇幼、老年人、残疾人等重点人群健康服务。健全统筹城乡的就业政策和服务体系，推动公共就业服务机构向乡村延伸。深入实施新生代农民工职业技能提升计划。完善统一的城乡居民基本医疗保险制度，合理提高政府补助标准和个人缴费标准，健全重大疾病医疗保险和救助制度。落实城乡居民基本养老保险待遇确定和正常调整机制。推进城乡低保制度统筹发展，逐步提高特困人员供养服务质量。加强对农村留守儿童和妇女、老年人以及困境儿童的关爱服务。健全县乡村衔接的三级养老服务网络，推动村级幸福院、日间照料中心等养老服务设施建设，发展农村普惠型养老服务和互助性养老。推进农村公益性殡葬设施建设。推进城乡公共文化服务体系一体建设，创新实施文化惠民工程。

（十八）全面促进农村消费。加快完善县乡村三级农村物流体系，改造提升农村寄递物流基础设施，深入推进电子商务进农村和农产品出村进城，推动城乡生产与消费有效对接。促进农村居民耐用消费品更新换代。加快实施农产品仓储保鲜冷链物流设施建设工程，推进田头小型仓储保鲜冷链设施、产地低温直销配送中心、国家骨干冷链物流基地建设。完善农村生活性服务业支持政策，发展线上线下相结合的服务网点，推动便利化、精细化、品质化发展，满足农村居民消费升级需要，吸引城市居民下乡消费。

（十九）加快县域内城乡融合发展。推进以人为核心的新型城镇化，促进大中小城市和小城镇协调发展。把县域作为城乡融合发展的重要切入点，强化统筹谋划和顶层设计，破除城乡分割的体制弊端，加快打通城乡要素平等交换、双向流动的制度性通道。统筹县域产业、基础设施、公共服务、基本农田、生态保护、城镇开发、村落分布等空间布局，强化县城综合服务能力，把乡镇建设成为服务农民的区域中心，实现县乡村功能衔接互补。壮大县域经济，承接适宜产业转移，培育支柱产业。加快小城镇发展，完善基础设施和公共服务，发挥小城镇连接城市、服务乡村作用。推进以县城为重要载体的城镇化建设，有条件的地区按照小城市标准建设县城。积极推进扩权强镇，规划建设一批重点镇。开展乡村全域土地综合整治试点。推动在县域就业的农民工就地市民化，增加适应进城农民刚性需求的住房供给。鼓励地方建设返乡入乡创业园和孵化实训基地。

（二十）强化农业农村优先发展投入保障。继续把农业农村作为一般公共预算优先保障领域。中央预算内投资进一步向农业农村倾斜。制定落实提高土地出让收益用于农业农村比例考核办法，确保按规定提高用于农业农村的比例。各地区各部门要进一步完善涉农资金统筹整合长效机制。支持地方政府发行一般债券和专项债券用于现代农业设施建设和乡村建设行动，制定出台操作指引，做好高质量项目储备工作。发挥财政投入引领作用，支持以市场化方式设立乡村振兴基金，撬动金融资本、社会力量参与，重点支持乡村产业发展。坚持为农服务宗旨，持续深化农村金融改革。运用支农支小再贷款、再贴现等政策工具，实施最优惠的存款准备金率，加大对机构法人在县域、业务在县域的金融机构的支持力度，推动农村金融机构回归本源。鼓励银行业金融机构建立服务乡村振兴的内设机构。明确地方政府监管和风险处置责任，稳妥规范开展农民合作社内部信用合作试点。保持农村信用合作社等县域农村金融机构法人地位和数量总体稳定，做好监督管理、风险化解、深化改革工作。完善涉农金融机构治理结构和内控机制，强化金融监管部门的监管责任。支持市县构建域内共享的涉农信用信息数据库，用3年时间基本建成比较完善的新型农业经营主体信用体系。发展农村数字普惠金融。大力开展农户小额信用贷款、保单质押贷款、农机具和大棚设施抵押贷款业务。鼓励开发专属金融产品支持新型农业经营主体和农村新产业新业态，增加首贷、信用贷。加大对农业农村基础设施投融资的中长期信贷支持。加强对农业信贷担保放大倍数的量化考核，提高农业信贷担保规模。将地方优势特色农产品保险以奖代补做法逐步扩大到全国。健全农业再保险制度。发挥"保险+期货"在服务乡村产业发展中的作用。

（二十一）深入推进农村改革。完善农村产权制度和要素市场化配置机制,充分激发农村发展内生动力。坚持农村土地农民集体所有制不动摇,坚持家庭承包经营基础性地位不动摇,有序开展第二轮土地承包到期后再延长30年试点,保持农村土地承包关系稳定并长久不变,健全土地经营权流转服务体系。积极探索实施农村集体经营性建设用地入市制度。完善盘活农村存量建设用地政策,实行负面清单管理,优先保障乡村产业发展、乡村建设用地。根据乡村休闲观光等产业分散布局的实际需要,探索灵活多样的供地新方式。加强宅基地管理,稳慎推进农村宅基地制度改革试点,探索宅基地所有权、资格权、使用权分置有效实现形式。规范开展房地一体宅基地日常登记颁证工作。规范开展城乡建设用地增减挂钩,完善审批实施程序、节余指标调剂及收益分配机制。2021年基本完成农村集体产权制度改革阶段性任务,发展壮大新型农村集体经济。保障进城落户农民土地承包权、宅基地使用权、集体收益分配权,研究制定依法自愿有偿转让的具体办法。加强农村产权流转交易和管理信息网络平台建设,提供综合性交易服务。加快农业综合行政执法信息化建设。深入推进农业水价综合改革。继续深化农村集体林权制度改革。

五、加强党对"三农"工作的全面领导

(二十二)强化五级书记抓乡村振兴的工作机制。全面推进乡村振兴的深度、广度、难度都不亚于脱贫攻坚,必须采取更有力的举措,汇聚更强大的力量。要深入贯彻落实《中国共产党农村工作条例》,健全中央统筹、省负总责、市县乡抓落实的农村工作领导体制,将脱贫攻坚工作中形成的组织推动、要素保障、政策支持、协作帮扶、考核督导等工作机制,根据实际需要运用到推进乡村振兴,建立健全上下贯通、精准施策、一抓到底的乡村振兴工作体系。省、市、县级党委要定期研究乡村振兴工作。县委书记应当把主要精力放在"三农"工作上。建立乡村振兴联系点制度,省、

市、县级党委和政府负责同志都要确定联系点。开展县乡村三级党组织书记乡村振兴轮训。加强党对乡村人才工作的领导,将乡村人才振兴纳入党委人才工作总体部署,健全适合乡村特点的人才培养机制,强化人才服务乡村激励约束。加快建设政治过硬、本领过硬、作风过硬的乡村振兴干部队伍,选派优秀干部到乡村振兴一线岗位,把乡村振兴作为培养锻炼干部的广阔舞台,对在艰苦地区、关键岗位工作表现突出的干部优先重用。

(二十三)加强党委农村工作领导小组和工作机构建设。充分发挥各级党委农村工作领导小组牵头抓总、统筹协调作用,成员单位出台重要涉农政策要征求党委农村工作领导小组意见并进行备案。各地要围绕"五大振兴"目标任务,设立由党委和政府负责同志领导的专项小组或工作专班,建立落实台账,压实工作责任。强化党委农村工作领导小组办公室决策参谋、统筹协调、政策指导、推动落实、督促检查等职能,每年分解"三农"工作重点任务,落实到各责任部门,定期调度工作进展。加强党委农村工作领导小组办公室机构设置和人员配置。

(二十四)加强党的农村基层组织建设和乡村治理。充分发挥农村基层党组织领导作用,持续抓党建促乡村振兴。有序开展乡镇、村集中换届,选优配强乡镇领导班子、村"两委"成员特别是村党组织书记。在有条件的地方积极推行村党组织书记通过法定程序担任村民委员会主任,因地制宜、不搞"一刀切"。与换届同步选优配强村务监督委员会成员,基层纪检监察组织加强与村务监督委员会的沟通协作、有效衔接。坚决惩治侵害农民利益的腐败行为。坚持和完善向重点乡村选派驻村第一书记和工作队制度。加大在优秀农村青年中发展党员力度,加强对农村基层干部激励关怀,提高工资补助待遇,改善工作生活条件,切实帮助解决实际困难。推进村委会规范化建设和村务公开"阳光工程"。开展乡村治理试点示范创建工作。创建民主法治示范村,培育农村学法用法示范户。加强乡村人民调解组织队伍建设,推动就地化解矛盾纠纷。深入推进平安乡村建设。建立健全农村地区扫黑除恶常态化机制。加强县乡村应急管理和消防安全体系建设,做好对自然灾害、公共卫生、安全隐患等重大事件的风险评估、监测预警、应急处置。

(二十五)加强新时代农村精神文明建设。弘扬和践行社会主义核心价值观,以农民群众喜闻乐见的方式,深入开展习近平新时代中国特色社会主义思想学习教育。拓展新时代文明实践中心建设,深化群众性精神文明创建活动。建强用好县级融媒体中心。在乡村深入开展"听党话、感党恩、跟党走"宣讲活动。深入挖掘、继承创新优秀传统乡土文化,把保护传承和开发利用结合起来,赋予中华农耕文明新的时代内涵。持续推进农村移风易俗,推广积分制、道德评议会、红白理事会等做法,加大高价彩礼、人情攀比、厚葬薄养、铺张浪费、封建迷信等不良风气治理,推动形成文明乡风、良好家风、淳朴民风。加大对农村非法宗教活动和境外渗透活动的打击力度,依法制止利用宗教干预农村公共事务。办好中国农民丰收节。

(二十六)健全乡村振兴考核落实机制。各省(自治区、直辖市)党委和政府每年向党中央、国务院报告实施乡村振兴战略进展情况。对市县党政领导班子和领导干部开展乡村振兴实绩考核,纳入党政领导班子和领导干部综合考核评价内容,加强考核结果应用,注重提拔使用乡村振兴实绩突出的市县党政领导干部。对考核排名落后、履职不力的市县党委和政府主要负责同志进行约谈,建立常态化约谈机制。将巩固拓展脱贫攻坚成果纳入乡村振兴考核。强化乡村振兴督查,创新完善督查方式,及时发现和解决存在的问题,推动政策举措落实落地。持续纠治形式主义、官僚主义,将减轻村级组织不合理负担纳入中央基层减负督查重点内容。坚持实事求是、依法行政,把握好农村各项工作的时度效。加强乡村振兴宣传工作,在全社会营造共同推进乡村振兴的浓厚氛围。

让我们紧密团结在以习近平同志为核心的党中央周围，开拓进取，真抓实干，全面推进乡村振兴，加快农业农村现代化，努力开创"三农"工作新局面，为全面建设社会主义现代化国家、实现第二个百年奋斗目标作出新的贡献！